거제시

한산도

외도

추봉도

용초도

죽도

해금강

장사도

가왕도

매물도

소매물도

통영 섬부엌

단디 탐사기

지속가능한 삶의 씨앗 01

통영 섬 부엌 단디 탐사기

글 | 사진 **김상현**

남해의봄날 ✱

Prologue

기억 속
부엌을 찾아서

부엌이란 무엇인가? 예로부터 부엌은 한 집안의 살림살이를 대변하는 곳이다. 좁은 의미에서는 하루 세 끼 밥을 준비하는 공간이지만 더 깊이, 넓게 들어가면 우리네 먹고 사는 일이 이루어지는 필수 생활 공간이다. 농사를 짓는 일, 어업을 영위하는 일, 그리고 아이를 키우는 일까지 우리 삶은 어쩌면 부엌에서 시작돼 부엌에서 마무리되는 것은 아닐까.

기억 속 부엌의 풍경을 떠올려 보자. 아마도 많은 사람이 아궁이를 먼저 떠올릴 것이다. 아궁이 앞에 쭈그리고 앉아 부지깽이로 장작을 뒤적이며 불씨를 살리는 어머니. 더운 김이 모락모락 피어오르는 가마솥에서 뽀얀 밥물이 끓어 넘치고, 이윽고 부엌에 퍼지는 구수한 밥 냄새. 그리고 아궁이를 몇 번 들쑤시면 굴러 나오는 노랗게 익은 감자와 고구마. 이러한 것들이 우리가 떠올리는 옛 부엌의 풍경이다. 어디 이런 풍경만 있을까. 집안에 경사가 있으면 부엌에 모여 함께 음식을 마련하고, 생애의 통과 의례 관혼상제는 물론 마을 축제도 함께 준비했다. 부엌은 개인의 공간으로 한정되는 것이 아니라 넓게는 마을 공동체의 공간이었다. 부엌은 이러한 생활 문화를 고스란히 담고 있다. 부족한 살림살이에도 서로 돕고 사는 넉넉한 정과 보릿고개를 현명하게 견디는 조상의 지혜는 부엌 문화를 통해 배우는 소중한 가치다.

하지만 이제 아궁이에 불 때던 시절의 부엌은 도시는커녕 농촌에도 많이 남지 않았다. 1970년 새마을운동을 기점으로 농촌에 입식 구조의 부엌이 등장한 이후 부엌은 빠른 속도로 그 형태가 바뀌었다. 아궁이의 땔감은 장작에서 연탄으로 대체되었고, 석유 화로의 등장에 이어 가스레인지가 부엌을 차지했다. 더 이상 쓸모가 없어 메우거나 깬 아궁이 대신 우리는 힘들게 땔감을 구해 올 필요도, 불씨를 지킬 필요도 없는 가스레인지에 국을 끓이고 밥을 해 먹는다. 뿐만 아니라 오늘날의 부엌은 더 이상 사람이 함께 살을 부대끼는 공간이 아니다. 가족 구성원이 줄고 이웃과 교류가 적어지면서 부엌은 공동체가 아닌 개인의 영역으로 의미가 바뀌었다. 어머니가 불을 지피고 밥을 짓는 부엌은 이제는 추억과 향수의 공간이 되어버렸다. '가난했지만 행복했던 그 시절'과 함께.

시간을 되돌릴 수는 없다. 하지만 더 늦기 전에 사라져 가는 기억 속 부엌의 풍경을 잡고 싶었다. 그러나 요즘 같은 세상에 아궁이에 불 때는 모습을 찾기란 쉽지 않다. 그렇다면 육지보다 한 박자 느리게 시간이 흐르는 섬은 어떨까?

그래, 섬으로 가보자!

섬의 부엌은 육지의 부엌과 비슷하지만 섬의 생활상이 반영된 특유의 모습을 취하고 있다. 육지가 주로 강과 들, 산을 품는다면 섬은 한 가지 더, 드넓고 풍요로운 바다를 품는다. 바다에서 갓 잡아낸 싱싱한 생선과 물가에서 캐낸 미역, 김을 말리는 모습이 섬에선 일상이다. 봄이면 도다리, 여름이면 돔, 가을이면 삼치, 겨울이면 대구를 잡는 광경이 이어진다. 바다에서 낚은 해산물에 산과 들에서 난 것으로 바다와 땅이 조화롭게 어우러진 제철 음식을 만들어 먹는다. 옛 시절에는 고등어, 갈치 등 넉넉하게 잡은 생선을 소금에 절여 뭍으로 가져가 쌀과 옷가지로 교환하기도 했다.

섬사람들은 혼자가 아니라 가족, 이웃, 나아가 마을 공동체와 더불어 사는 법을 배운다. 통발과 그물을 손질하는 일에서부터 물메기 어획이며 미역 채취같은 어로 작업에 이르기까지 한 가족의 노동력으로는 역부족이다. 이웃과 마을 전체의 협동이 필수다. 특히 어업의 풍작과 무사고를 비는 마을제와 용왕제는 섬사람 모두의 협력 없이는 성사할 수 없는 대규모의 축제다. 짧게는 1박 2일에서 길게는 6박 7일까지, 섬사람들이 십시일반 제비를 모으고 도와 성대한 축제를 준비하고 음식을 마련한다. 축제를 준비하고 성사시키는 전 과정에서 섬사람들은 서로 따스한 정을 나누는 이웃사촌임을 확인하고 더욱 돈

독한 관계를 맺는다. 이렇듯 생계 전반에 큰 영향을 미치고 개인 공간에서 출발해 가족 단위, 나아가 섬마을이라는 공동체 공간으로 넓어지는 부엌.

섬은 곧 하나의 큰 부엌이다.

오늘 날 통영 섬의 부엌 역시 세월의 영향을 받아 그 특유의 문화가 소실되고 있다. 젊은이들이 떠나며 섬은 활기를 잃고, 사람들을 하나로 모으던 마을제도 많이 사라지고 있다. 하지만 그 규모가 작아졌을지라도 아직 생활 문화를 유지하며 섬을 지키는 사람들이 있다. 부엌의 역사를 온몸에 고스란히 새긴 어머니들이 섬을, 그 부엌을 지키고 있다. 대개 70~80대 할머니가 된 이들이 섬과 부엌의 살아있는 역사이다. 이들이 세상을 등지면 부엌의 역사도, 기억도 사라지고 말 것이다.

통영의 섬 570개 중 사람이 사는 유인도 44개. 점점 사라져 가는 옛 부엌이 정말 기억 한편에만 남기 전에, 가치 있는 생활 유산을 기록으로 남기기 위해 나는 섬으로 향하는 배 위에 올랐다.

통영 44개 섬, 부엌을 찾아 나선
3년의 여정 취재 노트

2012. 01   2012. 02   2012. 03   2012. 04   2012. 05

2012. 01 두미도, 학림도(새섬)

기억 속의 부엌을 찾기 시작. 바깥섬 두미도는 '불 때는 아궁이가 있는' 부엌을 찾을 만한 후보지다.

2012. 02 지도(종이섬)

박경리 소설 <김약국의 딸들>에 등장하는 대구어장 소재지. 현재 섬의 주 소득원은 미더덕 양식.

2012. 03 좌도

한산도 옆 작은 섬이다. 100년 전 일본인 부부가 일본에서 가져온 매화나무가 봄이면 장관을 이룬다. 농지가 부족해서 앞 섬 송도(솔섬)까지 소를 배에 실어가 고구마 농사를 지었다.

2012. 04 우도

우도 이장 부인 강남연 씨의 미역과 톳, 가시리, 석모, 서실 등 해조류 채취 현장 취재. 과거 섬에 먹을 게 귀하던 시절 톳밥을 해 먹었다는 제보.

2012. 05 비진도, 연대도

비진도 내항마을에서 옛 남해안별신굿의 흔적 발견. 남해안별신굿의 당골판임을 알리는 '거리지신위 巨里之神位' 비석을 확인. 연대도에서는 '별신장군 別神將軍' 비석을 발견.

2012. 06   2012. 08   2012. 10   2012. 11   2012. 12

연화도
2012.06

동두마을에서 달팽이 모양 돌담집 발견. 강한 파도와 거센 바람을 피하기 위해 집의 입구를 빙글빙글 달팽이 모양처럼 돌담으로 둘러쌓았다. 폐가다. 중요한 섬 집 형태의 원형인데 이대로라면 또 펜션 등으로 개발되겠지. 안타깝다.

적도
2012.08

선사시대의 패총이 있다. 형형색색 돌 모양과 물 빛이 아름답다. 현재는 욕지도 사람들만이 아는 천연 해수욕장. 1974년까지 한 세대가 살았으나, 떠나고 무인도가 됐다.

욕지도
2012.10

욕지도 특유의 간고등어 저장 시설 '간독'을 확인. 우리나라 대표 육종학자인 우장춘 박사가 욕지도를 "밀감 재배의 최적지"라 했다는 육성 증언 확보.

매물도
2012.11

매물도 사람들은 바다를 '바당'이라 부르고 '성게알 미역국'을 즐겨 먹음. 아무리 봐도 통영과는 다른 명칭과 음식 문화에 호기심이 생겼다.

가왕도(가오리섬)
2012.12

매물도의 맞은편 섬. 1980년대까지 학당과 학교가 공존했던 섬. 거센 파도를 피하기 위해 마을은 바닷가로부터 50미터 이상 높은 곳에 터를 잡음. 도르래를 이용해 작은 배를 마을 주변 언덕까지 올려놓았다.

2013. 01   2013. 02   2013. 03   2013. 04   2013. 05

2013.01	**추도, 추봉도**	상품의 품질이나 명성이 특정 지역의 지리적 특성에 근거한 특산품을 표기하는 지리적 표시제도에 '추도 물메기'가 포함됨. 추도가 갖는 지리적 특성이 무엇일까? 궁금.
2013.02	**수우도, 학림도, 죽도, 두미도**	학림도에서 30년 전에 돌아가신 어머니의 어릴 적 소꿉동무, 박윤선 할머니를 만남. 두미도에서는 옛날식 봇짐을 멘 어머니를 만남. 봇짐에는 육지로 떠난 자식들에게 보낼 섬의 제철 산물이 들어있다.
2013.03	**용초도, 국도, 두미도**	두미도 봇짐 어머니를 다시 만났다. 어머니 댁에서 석유 화로를 발견. 하지만 불 때는 부엌 찾기에는 실패.
2013.04	**납도**	육종학자 우장춘 박사가 밀감 재배하기에 "제주도보다 천연 조건이 더 좋다"는 극찬을 한 곳. 무성한 동백과 후박나무 군락 사이에 폐허가 된 감귤 선별장과 감귤나무만 남았다.
2013.05	**노대도, 초도**	노대도에서 옛 사람들의 식생활과 음식 문화를 알 수 있는 신석기시대 패총을 발견했다. 산등마을 주변 길가에는 당시 조개와 굴 껍데기가 아직도 남아 있다. 초도 원주민들은 모두 육지나 통영 시내로 이주. 제주에서 당뇨병을 고치기 위해 살러 온 노부부 단 2명이 섬 주민 전부다. 염소를 키우고, 섬의 약초를 캐서 생계를 잇는다.

2013. 06   2013. 08   2013. 10   2013. 11   2014. 01   2014. 02

2013. 06 한산도

한산도 염개 갯벌에는 지금도 우럭조개와 갯가재인 '속가재'가 많이 잡힌다. 속가재는 된장찌개에 넣거나 튀김으로 먹는다. 우럭조개는 제법 생산량이 많아, 통영 시내에 내다 팔면 생필품을 구입할 수 있는 유용한 해산물이다.

2013. 08 읍도, 연도

통영시와 고성군 사이의 바다에 위치한 읍도와 연도. 공룡발자국 화석 경상남도문화재자료 제203호이 남아 있다. 읍도 사람들은 자연산 굴, 연도 사람들은 바지락이 주 소득원이다. 굴을 재료로 한 굴젓, 굴된장국 등이 밥상에 오른다.

2013. 10 사량도

석조망 어업 현장 취재. 석조망은 두 척의 어선이 그물을 이용해 물고기 떼를 둘러싼 후 돌을 던져 그물로 유인해 잡는다. 주된 어획물은 전어와 꽁치, 멸치 등이다.

2013. 11 갈도, 두미도, 우도, 추도

마침내 우도에서 불 때는 아궁이를 발견. 1년 전, 외할아버지가 보고 싶어 두미도를 찾은 강아영, 한, 아린이 세 남매와 재회.

2014. 01 욕지도

욕지도 고구마에 얽힌 역사와 문화 추가 취재.

2014. 02 두미도

세 번째 봄, 도다리쑥국 한 그릇. 통영 섬에서 어머니의 정성이 담긴 밥상을 받는다.

목
차

Part 1

부엌 마지막 남은

끝이 보이지 않는 망망대해. 그 위 점점이 보이는 크고 작은 섬들. 바다에 둘러싸인 섬은 육지와 동떨어져 매우 멀게 느껴지지만 사실 섬은 가까이 있다. 바다를 통해 그 어디와도 이어지고 있기 때문이다. 사시사철 다른 어종이 바다를 헤엄쳐 전 세계를 누비고 있고, 사람들은 바다를 항해하며 먼 대륙을 발견한다. 섬은 육지와 떨어져 있지만, 바다가 있기에 사람들은 그 어디라도 갈 수 있다.

섬에서 나고 자란 사람들에게 바다는 생의 시작이고 끝이다. 섬사람들은 바다에서 생선을 잡아 올리고 갯가에서 조개, 미역 등을 따서 배를 채운다. 하지만 그 바다에 삼켜져 생을 끝내는 일도 부지기수다. 바다가 주는 무한한 혜택, 그 뒤편에는 항상 목숨을 건 위험이 있다. 섬사람들은 위험을 감수하고 배를 타는 한편, 살아남기 위한 지혜를 짜냈다. 거센 바람, 거친 파도에 조금이라도 더 안전한 배를 개발하고, 하늘을 보고 날씨를 미리 읽는 눈썰미를 키웠다. 목선 위에서도 불을 피워 요리할 수 있는 부엌을 설치하여, 며칠씩 이어지는 어업에도 기운을 내 그물을 끌어올릴 수 있었고, 이윽고 만선 횟수도 늘어났다.

섬의 풍요는 사람을 불러들였다. 먹고 사는 것이 우선이었던 시절, '내 배 안 곯고 내 자식들 굶기지 않으면 된다'는 생각에 끝없이 사람들이 몰려들었다. 마침내 섬은 사람들이 북적이고 활기가 넘치는 풍족한 공간이 되었다.

하지만 1960~70년대 산업화가 급속으로 이루어지며, 사람들은 섬을 떠나기 시작했다. 목숨을 걸고 배를 타는 것보다는 도시에서 일하기를 선택했다. 현대화의 바람은 사람들로 북적이던 섬을 온데간데없이 텅 빈 공간으로 만들었다. 섬사람들은 바다를 통해 그 어디든 못 갈 곳이 없었지만, 섬으로 다시 돌아오지는 않았다.

이제 섬에는 사람이 많지 않다. 빠져나간 자리만큼 빈집과 쓰지 않는 아궁이만 남아, 예전에 누군가 살았던 삶의 흔적을 보여주고 있을 뿐이다. 하지만 여전히 섬을 지키고 있는 사람들이 있다. 불그스레한 석양이 섬을 뒤덮는 저녁 무렵, 저녁밥을 짓는 지 부뚜막 굴뚝으로 하얀 연기가 뭉실뭉실 올라오는 곳이 보인다. 그곳에 가면 섬에 마지막 남은 것을 찾을 수 있을까?

우도

•

배 위에도
부엌이 있다

섬에선 유난히 일찍 일어나게 된다. 그럴 땐 해가 뜨기도 전에
새벽 산책에 나선다. 아지랑이처럼 피어오르는 해무도 좋고,
새파란 바다 위로 솟아오르는 붉은 아침 햇살을 보면 힘도 불
끈 샘솟는다. 그렇게 온 마을을 걷다 보면 어디선가 "오데서 왔
노?"란 소리가 들리기 마련. 마루에 앉은 할머니 한 분이 내게
눈길을 주고 있다. "오데서 왔노?"란 질문은 꼭 어디서 온 것인

지 알고 싶은 게 아니라, 낯선 이방인에 대한 경계이자 반가움의 표시이다. "통영 시내에서요"라는 간단한 인사말에 할머니는 바로 무장해제다.

"커피 한 잔 묵을라요?"

이 권유를 거절하면 안 된다. 믹스 커피는 할머니가 내놓을 수 있는 최고의 먹을거리이자 호의이기 때문이다. 작은 주전자에 물을 끓이는 동안, 주거니 받거니 이야기가 오간다. 먼저 간 영감 이야기, 자식들 키우느라 고생한 이야기, 섬이 참 사람 살기 좋다는 이야기 등등. 비록 처음 섬을 찾는 이라고 해도 커피 한 잔을 나누면 피를 나눈 이처럼 푸근해진다. 우도 이임선(93) 할머니와의 만남이 그러했다.

마침 할머니는 파래김을 만드는 중이셨다. 흔히 김이라 하면 말 그대로 '김'만 들어가는 줄 아는데 오산이다. 우도엔 파래와 김이 섞인 '파래김', 그리고 해조류의 일종인 가시리가 들어가는 '가시리김'도 있다. 파래김은 천연 파래의 색깔이 그러하듯 푸르다. 씹어 먹어 보면 처음엔 쓴 맛이 강하지만 차츰 입안에 단맛이 돈다. 파래도 한 종류가 아니다. 모양과 크기에 따라 서파래, 구파래, 갈파래가 있다. 서파래는 머리카락처럼 가늘고, 구파래는 그보다 굵으며, 갈파래는 널따란 잎이 갈라진 모양이다.

할머니가 파래김을 만드는 길을 따라 나선다. 어제 저녁에 갯가 돌무지 틈에서 훑어온 파래를 바닷물이 아니라 맑은 민물, 우물물로 먼저 씻는다. 그리고 네모난 파래발 위에 올려 건져낸다. 이렇게 해서 돌담이나 밭둑 사이에 말리면 끝. 공정은 간단해 보이지만 그 과정에 들어가는 힘이나 공은 예사롭지 않다.

"파래김 이기 돈이 쏠쏠하게 되는 기라. 썰물 때 바닷물이 빠지모 갱문^{해안}으로 간다. '모디이'라고 철사를 여러 겹 뭉쳐서 맨든 게 있어. 그걸로 돌밭 사이에 붙은 파래를 빡빡 긁어내 갖고 바구니에 담아서 때론 세게 때론 살살 헹가는 기라. 그라고 집으로 가져 와서는 밤이고 새벽이고 불을 써 놓고^{켜놓고} 김발을 만들어냈지. 온 동네에서 파래김을 만들었씬깨나 늦게 가모 우물물이 말라삐리. 그뿐이가. 좀 늦으모 동네 어디에도 김발을 늘 데가 없다꼬. 우리 집 담장이고 밭둑 가지고는 모자라는 기라."

파래김은 보통 김처럼 살짝 불에 구워 먹어도 맛있고, 젓갈을 넣어 무쳐 먹어도 맛있다. 한때는 서해안 양식김의 엄청난 물량 공세에 밀려 자취를 감출 뻔 했으나 최근 콜레스테롤을 낮추고 철분을 공급하는 효능이 속속 알려지면서 없어서 못 팔 정도가 됐다. 보통 김은 한 톳이 100장이지만, 우도 김은 워낙 두툼해서 한 톳이 40장, 파래김은 한 톳이 10장이다. 한 톳이라 해봐야 겨우 몇 천 원이지만, 할머니에게는 생활비며 손주들 용돈을 마련할 수 있는 요긴한 일거리다.

할머니가 차가운 한겨울 바다에서 마을 사람들과 함께 파래를 훑던 옛 시절이 생각난 모양인지 타령조의 옛 노래를 부르신다. 일이 힘들수록 노동요 노랫가락에는 흥과 해학이 더 넘쳐난다.

싱글싱글 신성호는 육지 바다에서 놀고,
동글동글 동일호는 마산 바다에서 놀고,
뽀글뽀글 복운호는 부산 바다에서 논다.

신성호며 동일호, 복운호는 욕지도 일대 섬과 육지를 연결해 주는 중요한 해상 교통수단이었다. 신성호는 욕지도와 우도, 연화도, 연대도, 학림도, 저도, 척포마을, 통영항을 하루 한 번 운항했다. 여러 번 개조해 배 크기를 키워야 할 정도로 이용객과 화물이 많았다. 동일호는 욕지도와 연화도, 통영항, 거제 성포, 마산을 운항했다. 복운호는 목선으로 시작했으나 철선으로 교체해 욕지도와 연화도, 통영항, 거제 성포, 부산을 이틀 걸려 순항했다. 복운호는 부산의 최신 유행이며 공산품을 섬으로 전하는 중요한 역할을 했는데, 훗날에는 명성호가 그 역할을 이어받았다.

욕지 바다, 먼 바다엔 모를렐라, 모를렐라.
설복동이 탄 배가 모를렐라, 모를렐라.
욕지 바다, 밤바다에 돛단배가 하도 많아
내 서방 설복동이 탄 배를 모를렐라, 모를렐라.

우도와 연화도, 욕지도 바다야말로 황금어장이 아니었던 가. 볼락 떼가 욕지도 앞바다에 나타날 때쯤이면 수많은 어선들이 이 바다로 몰려들었다. 유난히도 금실이 좋았다던 이임선 할머니 부부. 할머니는 눈을 씻고 애타게 찾았지만 영감님 타신 배가 어느 배인지 알 수가 없었다. 기다리고 기다리던 그 마음이 오죽 애가 탔으랴. 마누라 끔찍이도 아끼던 영감님을 육십에 먼 길 여행 보낸 할머니. "내 죽으모 그제서야 우리 영감 보겠지"라며 그리고 또 그리워하신다.

부족함을 채워 주는 바다의 밥상

물이 귀한 섬 우도. 30년 전 우도에는 50여 가구, 400여 명이 살았지만 우물은 몇 개에 불과했으니, 그야말로 물 구하기 전쟁이 날 정도였다. 갓 열 살을 넘은 여자아이들도 아침에 눈꼽 떼기도 전에 먼저 해야 할 일이 우물물을 길으러 가는 것이었다.

"사람은 많제, 우물은 작제, 우짜겄노. 맨날 물 구하러 댕기는 기 일이라. 우리 섬 우물이 마르모 요 앞 섬 연화도까지 물동이 이고 물 길러 원정을 댕깃제. 요즘 아^{아이} 들이야 '할머니, 생수 사 묵으면 되잖아요' 하겄지마는 우리 처니^{처녀} 때나 시집 살이할 때만 해도 그런 기 어딨노. 새벽부터 우물물 길어다 밥 지어다 묵었지. 물이 참 귀하고 귀한 섬이었다."

정계선(82) 할머니는 "쪼깸 기다려봐라" 하시곤 뒤뜰로 나가신다. 금방 돌아오신 할머니의 손에는 물동이가 들려 있다. 물을 담은 물동이를 이고 걸어오는 포즈를 취해 주시는 할머니. 그 얼굴에 처녀적 웃음이 피어오른다.

물이 부족하다 보니, 우도 사람들은 산신에게 물이 풍족하기를 간절히 기원했다.

"음력 정월 초하루에 저 위에 당집하고 마을 우물에서 제를 지냈지. 산신님께 '제발 우물물이 카클^{깨끗}하고 마이 솟아나거로 해 주이소'라고 빌고 또 빌었다. 마을 사람들 소원이 그저 물 많이 나서, 원 없이 묵어 보는 거였다."

우도는 산제 효험이 좋았다고 한다. 제관이 정성껏 동제를 모신 해에는 그렇게 맑은 우물물이 한없이 솟아났단다.

이젠 동제를 지내지 않기 때문일까? 인구가 줄어 몇 안 되

　는 사람들이 사는데도, 물이 늘 모자란다. 세월의 영향으로 예전처럼 섬 주민들이 물동이를 이고 우물물을 긷는 풍경은 사라졌지만, 대신 펌프를 이용해 우물물을 언덕 위 물탱크에 모아두었다가 제한 급수를 하고 있다. 물탱크의 밸브를 열고 닫는 일은 김강춘 우도 이장의 어머니 박복연(78) 할머니가 도맡아 하고 있다. 아침이면 언덕에 올라 물탱크에 설치된 밸브를 돌려 집집마다 물을 흘려보낸다. 평소에는 매주 토요일 아침두 시간, 물이 더 필요한 여름에는 사흘에 한 번, 명절에는 사흘간 물을 보내 준다.

　지금도 제한 급수로 물을 아껴 쓰는 지경이니, 사람 마실

물도 부족했던 과거에 농사짓기란 수월치 않았다. 특히 보리가 익는 5월까지는 굶주리며 기나긴 봄날의 보릿고개를 연명해야 했다. 지금처럼 아이가 한둘이 아니라 대여섯은 기본에 시부모님까지 모시고 살던 시절, 지난 가을 광 안 가득 쌓아둔 고구마를 다 먹고 나면 먹을 게 없었다. 바다에 생선은 지천이었지만 생선을 아무리 먹어도 배가 부르지 않으니 배가 부를 무언가가 필요했다. 그래서 섬 아낙네들이 개발해 낸 음식이 바로 '톳밥'이다. 톳밥은 보리를 조금만 넣어도 갯가에 지천인 톳으로 얼마든지 양을 부풀릴 수 있었다.

"그때는 쌀도 읎었지. 보리 넣은 독은 하루가 다르게 바닥이 보이거든. 그라모 보리쌀을 조금 넣고 톳을 마이 넣어 갖고 톳밥을 해묵었지. 봄철이 되모 톳을 뜯을 끼라고 서로 나가니까 갯가가 하얘. 그때는 사람들이 하얀 옷을 마이 입었으니까. 김이 모락모락 나는 톳밥에 된장을 넣고 비벼 묵는 사람들도 있었고. 그때는 무신 맛으로 묵었나. 묵을 끼 읎슨깨나 우짜든지 밥 양만 늘리모 최고라. 그것도 못 묵어서 애간장이 다 녹았다. 한집 식구가 열은 기본이고 열다섯이 넘었는데……."

정계선 할머니가 일러주시는 대로 톳밥을 재현해 보기로 했다. 먼저 납작보리^{알맥}를 씻어 불린 뒤 납작보리와 물을 1:1 비율로 맞춘 다음, 그 위에 불린 톳을 올리고 밥을 짓는다. 밥이 다 된 후 밥솥을 들여다보니 톳이 납작보리 위에 켜켜이 쌓여 완전히 새까맣다. 한 숟가락 떠서 입안에 넣고 씹어 보니 납작보리 특유의 씹는 맛은 좋지만 톳 자체는 별다른 맛이 없어 심심했다. 콩나물밥을 먹을 때처럼 양념장을 얹으니 제법 맛이 났다.

1814년 정약전이 저술한 <자산어보>는 톳을 '토의채 土衣菜'라고 소개한다.

> 한 뿌리에 한 줄기가 난다. 줄기의 크기는 새끼줄 같으며,
> 잎은 금은화(金銀花, 인동덩굴의 꽃)의 꽃망울을 닮아 가운데가
> 가늘고 끝이 두툼한데, 그 끝은 날카롭고 속이 비어 있다.
> 맛은 담담하고 산뜻하여 삶아 먹으면 좋다.

맛은 다소 담담할지라도 최근 톳에 칼슘이 우유의 15배, 철분이 550배, 96종의 미네랄이 포함돼 있다는 분석이 나오면서 '바다의 불로초'로 각광받고 있다. 일본에선 톳을 활용하여 각종 음식과 건강 보조제를 개발하고 있다. 심지어 매년 9월 15일을 '톳의 날'로 지정하여 톳을 권하고 있다.

일본에 톳의 날이 있다면 우도에는 사시사철 톳밥이 상에 오르는 해물 밥상이 있다. 김강춘(52), 강남연(49) 우도 이장

부부는 톳밥을 포함하여 우도 갯가에서 나는 귀한 것들로 해물 밥상을 차려 낸다. 우도 갯바위에는 해조류인 미역, 톳, 가시리, 석모에서부터 통영 앞바다에서는 보기 힘든 따개비며 거북손까지 따닥따닥 지천으로 붙어 있다. 부부는 썰물 때면 바다로 나가 청정해역 우도 바다가 품고 키운 갯것을 한아름 따온다. 그리고 반가운 손님이 찾아오면 언제든 삶고 데쳐 정성껏 상에 내놓는다.

"내가 원해서 뭍에서 섬으로 들어왔지만, 시집살이에 말벗도 없는 섬이 참 견디기 힘들었제. 그래서 낚시를 핑계로 갯바위에 가서 울기도 많이 안울었나. 그러면 마실 나왔던 할머니들이 참 많이도 달래 주셨다. 그리고 나선 '아가야, 이거는 이리 해 묵고 저거는 저리 해 묵으모 마싯다'고 일러 주셨지. 할머니들이 일러 주신 대로 우도 갯것으로 해물 밥상을 차려 낸다."

섬의 삶이 때론 지치고 힘들 만도 한데 섬 어버이들을 위해 밥을 짓고 갯것을 요리해 지극정성으로 담아내는 부부의 얼굴은 말간 우도 바다를 닮았다.

자식 대신 이장 부부가 달아 드리는 카네이션

"아아, 이장입니다. 오늘 어버이날 잔치를 마을회관에서 개최하겠사오니, 동네 어머니, 아버지들은 마을회관으로 와 주십시오."

고요하기만 한 섬의 정적을 이장의 마이크 소리가 깨운다. 통영 우도에도 어버이날이 찾아왔다. 어버이날의 의미가 무엇인가. 낳아 주시고 길러 주신 어버이의 은혜에 감사하고, 어른과 노인을 공경하는 경로효친의 미덕을 기르는 날이 아닌가. 어버이날에는 으레 감사의 뜻을 담아 부모님께 카네이션을 달아 드리고, 정성껏 음식을 해드리거나 함께 외식을 한다.

2012년 5월 8일. 어버이날을 맞은 우도의 부엌에는 좀처럼 음식 하는 모습이 보이지도, 음식 만드는 소리도 들리지 않는다. 그런데 단 한 집, 김강춘, 강남연 우도 이장 부부의 부엌만 분주하다. 이장 부부는 아귀며 물메기를 찌고, 돼지 수육을 삶고, 감성돔이며 광어를 횟감으로 썰어내느라 바빴다. 이장 집에서 마을회관까지 잔치 음식을 머리에 이고 나르는 뜀박질이 몇 차례. 마을회관으로 모여든 어르신들이 잔칫상 앞에 좌정하자, 이장 부부가 아버지, 어머니 한 분 한 분에게 카네이션을 달아드린다. 섬에 꽃집이 있을 리 만무하다. 일부러 어제 배를 타고 통영 시내까지 가서 사온 꽃이다. 카네이션을 가슴에 단 아버지, 어머니의 얼굴에는 만감이 교차한다. 어버이날임에도 찾아보질 않는, 혹은 찾아오지 못하는 뭍의 자식들 생각이 나시는 모양이다.

퇴색되어 가는 어른 봉양 정신을 되살리고 경로사상을 퍼뜨리기 위해 어버이날을 제정했다지만, 2012년 통영의 섬에는 어버이날 제 자식에게 카네이션도, 음식도 받지 못하는 어버이가 더 많다. 회갑이며 진갑 같은 잔치나 초상, 시묘살이에 들어가는 비용을 분담하고, 상여를 매는 일꾼으로 나서주던 계는 섬에서 더 이상 의미가 없다. 잔치는 아들, 딸이 사는 도시에서 치른 지 오래다. 잔칫상을 거하게 차리고 이웃을 초청하는 풍경은 이미 기억에서조차 희미해져 간다. 날씨가 변덕을 부릴 때마다 골골 앓는 소리를 내던 어머니, 아버지가 돌아가셔도 자식들은 모르기 일쑤다. 어르신들이 아침밥 때가 한참 지나도 동네 산책을 나오지 않는 날들이 이어지면, 이장은 제 집처럼 어르신들의 집을 순찰한다. 더러 제 자식 얼굴조차 보지 못한 채 저 세상으로 가는 어르신들을 직면하기도 한다.

"내 어무이, 네 아부지가 있겠나, 섬에서. 명색이 어버이날인데 자식들이 찾아오지 못한 어버이들이 집 안에만 있으면 얼마나 쓸쓸하고 가슴이 아리겠노. 몇 남지 않은 젊은 사람들이 십시일반 뜻을 모아 자식들이 뭍으로 떠난 어버이들 모셔다가 어버이날 경로잔치를 연다."

음식은 일부러 넉넉하게 장만한다. 오늘만이 아니라, 며칠을 두고 밥반찬으로 드실 수 있도록 하기 위해서다.

"젊은 날 뭍으로 나갔다가 우도로 돌아온 게 2002년이다. 10년 사이, 열 분 정도 어버이들을 내 손으로 직접 염했다. 연세 드신 어르신들은 아무래도 날이 궂은 날 돌아가시는 경우가 많지 않나. 이미 온기를 잃은 채 싸늘해진 주검을 험한 파도를 넘나들며 통영 시내로 나가 자식들에게 인계를 하는 일도 여러 번 있었다. 인자는 마 서글프다. 10년 전만 해도 나이가 많은 분들이라도 스무 분 넘게 계셔서 잔칫날이모 섬이 왁자지껄했다. 인자 몇 분 안 남았다. 장구를 메던 분도, 장단을 치던 분도, 목청껏 민요며 유행가 노랠 부르던 어르신도 없다. 맨날 밤을 같이 묵기도 하고 싸우기도 하고, 대판 싸우고선 다신 안 볼 것처럼 하시다가도 아침이면 서로 얼굴을 맞대고 '행님요', '아범아'하고 부르면 화해가 됐는데……."

섬의 생활 문화를 고스란히 담은 한데 부엌, 배 부엌

적막해진 섬 우도도 웅성대는 날이 있다. 워낙 작은 섬이라 한 집의 소란은 금세 온 동네로 번진다. 객지 나간 딸이 짝을 만나 신혼여행을 마치고 친정 신행을 온 것이다. 모처럼 우도 섬의 부엌에 연기가 피어오른다.

그런데 솥 안에는 씨암탉이 아니라 고동하고 따개비가 가득하다. 사위를 맞은 이상주(65) 씨에게 그 이유를 물어보았다.

"섬에선 씨암탉보다 삶은 고동하고 따개비 내어 놓는 게 더 귀한 대접이라. 따개비 딸라꼬 물때 맞춰 새벽 나절부터 서둘렀지. 우도 섬마을 경사에 고동하고 따개비가 빠질 수 있나. 우리 딸이 예전에 학교만 다녀오모 가방 던지 놓고 갯가부터 나갔지. 해가 꼴딱 다 넘어가서야 광주리 한그쏙 고동하고 따개비를 따왔다. 가족끼리 둘러앉아 바늘로 고동 알을 실실 빼서

묵고 따개비는 똑 부러뜨려서 연하디 연한 속살을 빼 묵었지.
그기 가족이고, 추억 아이가.”

　　그때 그 시절 추억 덕분인지 아니면 짝을 찾은 자식 덕분인
지 부모의 맘이 모처럼 흐뭇하다. 고동이며 따개비를 삶는 가
마솥은 부엌이 아니라 앞마당에 걸린다. 드럼통을 옆으로 잘
라내고 땔감 넣을 공간을 네모나게 오려낸 간이 부엌. 활활 타
오르는 장작불 위에 큼지막한 가마솥을 올린다. 가마솥 뚜껑
사이로 하얀 연기가 모락모락 피어오르는가 싶더니, 이내 수증
기를 힘차게 뿜어 올린다. 이상주 씨는 커다란 국자로 하얀 김
을 몇 번 걷어내고 솥 안에서 고동이며 따개비를 꺼낸다. 제법

무거운지 아예 국자를 잡은 한 손 옆에 한 손을 더 받친다.

집안 부엌이 아니라 처마 밑이나 마당에 임시로 거는 부엌을 '한데 부석^{부엌}'이라 한다. 전통 부엌은 취사와 난방을 동시에 할 수 있는 구조다. 몇 개의 아궁이에 솥단지를 걸어서 밥도 하고 국도 끓이고, 그 사이에 다른 요리도 해서 올렸다. 또한 아궁이에서 데워진 온기가 방바닥 아래 설치된 온돌을 따라 난방 기능도 했다. 하지만 여름철 부엌 아궁이에 불을 지피면 방도 함께 뜨거워지니 더위를 피하기 위해 등장한 게 한데 부엌이다. 특히 6·25전쟁을 거치면서 통영과 거제 일대에 설치된 포로수용소에서 나온 드럼통이나 철제 제품들이 한데 부엌을 만드는 데 요긴하게 쓰였다. 한여름 섬에서 잔치가 벌어지면 지붕과 담 위로 차양이 쳐지고, 여기저기 한데 부엌에선 김이 하늘 높은 줄 모르고 올랐다.

"여름에는 막힌 부석에 들어만 가도 더워서 땀이 흠뻑 젖는데, 우찌 부석에서 음식을 해묵겠노. 그란깨나 처마 밑이나 마당에다 솥단지를 건 기지. 여름철이면 고동이며 따개비 겉은 해산물이 지천 아이가. 해산물 잡는다는 핑계로 한여름 내내 시원한 갱물^{바닷물}에서 살다시피 하고 저녁이모 한데 부석 가마솥에 불을 피아. 어느듯 밤하늘엔 별이 총총, 모깃불 피아놓고 시원한 갯바람 맞아 가면서 뜨신 고동 까 묵으모, 그기 바로 섬에서 사는 낙이제."

이야기는 이윽고 섬만의 특수한 문화, 배 안에 설치했던 배 부석의 이야기로 번진다. 나무로 만든 배 안에서 어떻게 불을 피워서 음식을 해 먹을 수 있었을까?

"지금이야 FRP 섬유 강화 플라스틱 배가 많은데, 예전에는 홀빡 다 나무배라. 주로 배 부석은 뒤편 갑판 욱 위 에 있었제. 나무로 학구 생선을 담는 어상자 를 짜고 소금을 뿌리. 그 욱에 붉은 황토를 덮는 기라. 그라모 불이 옮겨 붙지 않애. 그라다가 나중에 도라무 드럼통 가 시중에 나오면서 나무 부석은 읍서졌제."

저 멀리 국도나 좌사리도로 고기잡이를 나가면 어떤 때는 점심 저녁은 물론이고 사나흘을 바다 위에 꼼짝없이 떠 있어야 했다. 이 때문에 어선에는 저마다 부엌이 있었다.

"그때는 고기 잡는다꼬 점심이고 저녁이고 묵을 새가 읍 섰다고. 그리 몇 끼를 쫄쫄 굶다가 바다에 둥둥 떠서 뜨신 밥을 해 묵으모 그기 꿀맛이라. 된장 하나로 묵어도 진수성찬이었제."

배 부엌은 이제 누군가의 추억으로만 남아 있을 뿐 그 형태를 직접 확인할 수는 없지만, 한데 부엌에서 배 위의 부엌에 이르기까지, 생활 환경에 걸맞은 부엌을 만들어낸 섬사람들의 지혜에 감탄하지 않을 수 없다.

자식들이 먼저 떠난 섬, 이제는 어르신들도 차례 없이 섬을 떠나신다. 섬을 찾아 어르신들을 만나 뵙지 않았다면 어디에서 이런 이야기를 들을 수 있었을까. 밥 짓는 연기가 끊긴 몇몇 섬은 이야기도 끊기고 말았다. 하지만 오늘도 우도의 부엌에선 밥 짓는 연기가 모락모락 오른다.

섬 부엌에서 만난 사람들
우도 편

이임선 할머니가 파래를 착착 펼쳐
파래김 모양을 잡고 있다.

물동이를 이고 우물물 길으러 다니던 모습을
정계선 할머니가 직접 재연하신다.

우도의 어버이날. 곱게 단장한 할머니들의 가슴께에 카네이션을 달아 드린다.

바닷물에 몸을 흠뻑 적시며
미역 등을 따고 있는 강남연 씨.

우도에는 유독 작약이 많다. 할아버지가 약재로
쓸 작약 뿌리를 썰어 내고 있다.

포도 주스 한 잔에 달달한 참외, 평상 그늘에 앉아 보내는 우도의 평화로운 시간.

Part 2

바다마다 섬마다
다른 밥상

대한민국 지도를 펼쳐 놓고 통영을 찾아보면 볼펜 심 크기도 안될 만큼 작다. 통영 앞바다라고 해봐야 엄지손톱만 할까? 종이 위에 표현된 통영은 이렇게나 작지만 여기에서 끝이 아니다. 막상 알고 보면 통영 바다는 매우 넓다. 바다만 넓은 것이 아니라 570개에 이르는 섬을 품고 있다. 육지 사람에게는 그저 다 똑같은 바다로 보이겠지만, 바다가 생의 주요 터전인 섬사람에게 섬과 바다는 저마다의 의미가 있다.

섬사람들은 통영 앞바다를 멀고 가까운 거리에 따라 안섬과 바깥섬, 그리고 안바다와 바깥바다로 구분 짓는다. 통영과 가까운 한산도에서 용초도, 비진도, 연대도까지를 안섬이라고 부르고 욕지도, 우도, 매물도와 같이 비교적 거리가 먼 섬을 바깥섬이라 한다. 마찬가지로 안섬이 있는 바다를 안바다, 바깥섬이 있는 바다를 바깥바다라고 부른다. 또한 통영과 거제를 잇는 거제대교를 기준으로 거제와 가까운 바다를 동바다, 남해와 사천에 가까운 바다를 서바다로 구분한다. 그러니 지도상으론 엄지손톱만 한 통영 앞바다에는 안바다와 바깥바다, 동바다, 서바다 이렇게 네 개의 큰 바다가 존재하는 셈이다.

이런 구분이 왜 필요했을까? 바다마다, 섬마다 생산되는 산물이 다르기 때문이다. 통영의 특산물이라고 하면 흔히 멸치와 굴, 멍게 등을 떠올린다. 하지만 그것은 대표 산물일 뿐 통영 바다에서 멸치만 잡히는 것은 아니다. 안바다와 바깥바다마다 잡히는 어종이 다르다. 동바다와 서바다 역시 마찬가지다. 동바다에선 대구가 많이 잡히는 반면 서바다엔 물메기가 더 많이 잡히는 식이다. 심지어 이웃한 섬이라도 그 산물이 다르다. 한 섬이라도 어떤 곳에서는 조개가 많이 나고 다른 쪽에서는 돔이 많이 잡히는 등 모퉁이 하나마다 생산되는 산물이 다르다. 그러니 자연히 밥상도 다를 수밖에.

통영 사람들은 경상도 사람치고 유난히 음식 까탈이 심한 편이다. 바다에서, 섬에서 올라온 풍성한 해산물로 차린 밥상을 먹고 자랐기 때문이다. 통영 육지 사람들도 그러할진데, 섬 사람들은 오죽할까? 여기에 어머니의 손맛이 더해져 같은 해산물이라도 계절에 따라, 가족들의 건강 상태에 따라 요리가 달라졌다. 덕분에 통영 섬에는 제철 밥상, 섬 특유의 밥상이 발달했다.

욕지도

•

땅
과
바
다
가
준
선
물

해마다 10월이면 욕지도에는 관광객과 뭍으로 떠났던 마을 사람들이 몰려든다. 1888년 욕지도를 개척한 사람들의 강인한 정신과 주민들의 삶이 담긴 '섬문화축제'를 열기 때문이다. 섬문화축제에는 작은 축제로 '고등어축제'와 '고구마축제'도 함께 열린다. 바닷가 옆 부둣가에 마련한 고등어축제장은 '고등어 맨손 잡기 체험'을 즐기기 위한 아이들로 북새통이다. 요즘 아이들이 개구리나 올챙이, 송사리 따위라도 잡아볼 기회가 있겠는가? 호각이 울리자마자 아이들과 고등어의 쫓고 쫓기는 술래잡기가 시작된다.

"잡았다!"

여기저기서 환호성이 울리고, 어른들도 덩달아 박수를 치며 좋아한다. 고구마축제 행사장에선 고구마 빼떼기, 고구마줄기 김치처럼 욕지도 사람들이 주로 먹는 음식은 물론 양갱, 크로켓, 쿠키, 치즈스틱 등 새로 개발한 고구마 요리를 선보인다. 누구나 2천 원 내외로 고구마 빼떼기죽의 걸쭉하면서도 달짝지근한 맛을 즐길 수 있다.

섬문화축제에서 빠져서는 안 될 필수 항목이 고등어와 고구마다. 그만큼 고등어와 고구마는 욕지도를 대표하는 특산물이자 욕지도 사람들의 삶과 맞닿아 있다. 여기에 하나 더, 감귤을 넣어야 한다. 감귤하면 제일 먼저 떠오르는 섬이 제주도일 것이다. 그러나 욕지도 특산물 가게 진열대에 고구마와 함께 오르는 것이 바로 감귤이다.

욕지도를 대표하는 특산물, 고등어와 고구마, 그리고 감귤. 욕지도 해안도로를 걸으면 이 세 가지 먹거리를 차례차례 만날 수 있다.

고등어로 인해 풍족했던 섬 욕지도

욕지도를 대표하는 특산물로 고등어가 언급될 정도라면, 과연 욕지도에선 고등어를 얼마나 많이 잡는 것일까? 과거의 풍어 소식부터 찾아보았다. 고등어를 위판한 욕지어업조합은 8·15해방 후 화재로 인해 건물 전체가 전소되는 바람에 자료가 남아 있지 않지만 신문에는 아직 그 기록이 남아 있었다.

　최초의 고등어 풍어 소식은 1929년 동아일보 '욕지도 부근에 고등어 풍산'이란 제목에서 시작하여 1974년 매일경제 '고등어 풍어 욕지도 부근 하루 6만 상자 잡혀'라는 기사까지

40~50년 동안 이어진다. 늘 먹거리가 부족하던 시절, 맛있고 저렴한 국민 생선 고등어는 서민 밥상에 매우 긴요한 반찬거리였다. 이 때문에 욕지도 고등어 대풍 소식은 신문에 대문짝만하게 실렸다.

欲知島附近에 고동어 豊産

경남 통영군 욕지도 統營郡欲知島 근해 하긔 고동어어업은 년산액 백만 원 이상으로서 이 어긔만 되면 수백 척의 어선과 어획운반발동긔선 漁獲運搬發動機船 백여 척은 항상 출입하는 곳인바 작년에는 긔후불순으로 고동어 경영자는 막대한 실패를 당하얏는데 금년은 벌서 대군어 大群漁 가 래유함으로, 지난 이일 십만 미, 삼일 십오만 미, 사일 오십만 미를 포획하얏슴으로 근년에 처음 보는 풍어라 하야 일반 어업자는 매우 깃버한다더라

동아일보 1929.07.12

고등어잡이 전문 어선은 '건착선 巾着船'이라고 불렀다. 1920년대부터 동력선으로 된 고등어잡이 건착선이 욕지도 앞바다에 출현했다. 당시엔 소형 그물을 손으로 던져 몇 마리 고기를 건져 올리는 수조망 手繰網 이나 그물을 그 자리에 몇 시간 담가 두었다가 걷어 올려 자루 속에 갇힌 고기를 주워

담는 안강망 鮟鱇網 방식이 고작이었다. 그러다 건착선이 등장하면서 고등어잡이는 대규모 조업으로 급변했다. 고등어가 그물에 갇히면 그물의 끈을 조여서 고등어가 도망가지 못하게 하는데, 이렇게 끈을 조였다 풀었다 하는 주머니가 '건착'이다. 이 건착을 이용하여 대형 선박 두 척이 아예 큰 그물로 고등어 떼를 둘러싸 통째로 잡아 올리는 건착망은 획기적이면서 혁명적인 조업법이었다.

고등어잡이 전문 선박인 건착선은 4기통 더블 엔진으로 욕지도 등지에 회유하는 고등어를 쫓아갈 속도를 낼 수 있었다. 뱃머리에는 망대를 설치, 어군을 탐지하는 사람이 깃발로 신호를 하면 선장과 선원들이 일사불란하게 그물을 펼쳤다.

일제 강점기 건착선은 150~200통 불배, 그물배, 운반선으로 구성된 선단. 두 척이 그물을 함께 펼쳐 고등어를 잡는 어선이 500척, 운반선이 290척에 달했다. 봄부터 가을까지 욕지도 앞바다엔 고등어가 밀집 회유했다. 고등어를 따라 전국의 건착선이 몰려들면, 컴컴하던 밤바다가 대낮처럼 환한 날이 며칠이고 이어졌다.

김임욱(81) 욕지노인회장이 고등어 풍작 당시의 욕지도를 떠올렸다.

"우찌 개가 만 원짜리를 물고 다닐 수 있겠소. 고등어배 선원들하고 욕지도 주민들이 고등어로 물물 교환을 했슨깨나,

고등어가 바로 돈이지. 내륙에서 생선이 귀하던 때, 고등어가 욕지도에선 흔했지. 특히 욕지 야시장이나 욕지장날에는 발에 툭툭 치있다이가. 육지에선 귀한 생선을 개도 물고 다니니, '욕지도에선 개도 만 원짜리를 물고 다닌다'는 표현을 했을끼라."

<욕지면지>에서도 당시 번성했던 욕지도 시장의 풍경을 묘사한다.

1960년대까지만 하여도 시장 터에 면한 바다에는 욕지 장날(4, 9일)에 맞추어 돛대를 높이 세운 커다란 범선들이 찾아 들어와 줄지어 닻을 내리고 손님들을 기다리고 있었다. 이 커다란 목선들은 옹기를 가득 실은 배, 장작 등 땔감을 가득 실은 배 혹은 지붕을 이는 데 쓰는 영개 (이엉)를 실은 배 등, 발판을 오르내리면서 물건을 사고 팔았다. 각지 시장을 거래하는 아저씨, 아주머니들은 가자미, 문어, 멸치, 갈치, 가오리, 동구재비(홍합을 삶아서 꿰어 말린 것) 등 건어물과 멸젓, 봄멸젓, 고등어 창자젓, 갈치젓, 뽈락젓 등 젓갈류와 소금에 절인 도미, 감숭어, 매가리(전갱이), 고등어, 그리고 미역, 우뭇가사리, 파래, 김 등 해조류를 조금이라도 더 사 모으기에 여념이 없었다.

이쯤 되니 자연 돈을 보고 사람들이 몰려들기 마련이다. 1934년 원량면 지금의 욕지면 인구는 14,642명에 이른다. 당시 통영군 통영읍 전체 인구가 21,355명이었다. 통영군이 전국 10대 도시로 손꼽힐 때임을 감안하면, 욕지도의 영화를 짐작할 수 있다.

주재소(1911년), 우편소(1912년), 어업조합(1924년) 등등 욕지도는 1920년대 이미 행정, 산업 기관을 모두 갖췄죠. 욕지도 사람들의 표현을 빌자면 '욕지공화국'이었다.

부엌의 진화, 섬의 문화를 담근 간독

고등어가 많이 잡히다 보니 욕지도에선 자연스레 간고등어도 발달하였다. 냉장고와 같은 저장 방법이 발달하지 않았던 시절, 산지인 욕지도에서 고등어가 제아무리 대풍이어도 신선도를 유지한 채 소비지로 가져가기가 어려웠다. 김홍국(55) 욕지면지 편찬위원회 상임위원에게 간고등어에 대해 자세히 물어보았다.

"그 시절 냉장고가 있었시모, 간고등어는 웂었을끼라요. 욕지도에는 일제 강점기에도 얼음 저장 창고가 있을 정도였죠. 그래도 얼음은 금덩어리처럼 귀한 물건이라. 그 많은 고등어를 신선도 유지할 끼라꼬 얼음을 쓴다는 거는 상상도 못했거든요. 그래서 오래 저장할라꼬 소금을 쓴 기지요."

이렇게 간을 한 고등어는 짜도 웬만큼 짠 게 아니었다.

"얼매나 짠 지 그냥은 못 묵어요. 간고등어는 쌀뜨물에 담가 놨다가 소금기가 빠져서 싱거워져야 구워 묵는 기라. 소금 간이 덜 빠지모 아이고 말도 마이소. 입안이 얼매나 근질근질하다꼬. 참기가 애러봐요, 애러봐. 여하튼 소금 간은 짭짤해야 돼요. 그래야 오래 저장도 되고 맛도 난다 아입니까."

간고등어를 만들기 위해선 소금도 중요했지만, 고등어를 저장할 공간도 필요했다.

"간독이라꼬 고등어를 소금 간해 갖고 묻어 두는 독아지가 있지요. 욕지도 바닷가 집치고 간독 읍는 집이 읍섰지요. 고등어 확보가 관건이라요. 욕지도 고등어 파시^{생선 시장}는 들어봤지예? 고등어 잡는 배가 밤에는 고등어를 한그쓱 잡고, 낮에는 욕지항에 들어옵니다. 그때 선원들과 주민들 사이에 물물 교환이 일어나는 기지요. 그때만 해도, 배 선원들한테 필요한 시꾸미^{식품 등 준비물}가 열악했지요. 암, 말도 마이소. 소금, 간장 따위만 준비해 갖고 배 간판에서 잡곡밥을 해 묵었으니까. 그런데 말이죠. 선원들은 고등어가 많고, 우리 욕지도 사람들은 김치 같헌 반찬이며 고구마가 많았는 기라. 처음에는 뱃전에서 선원하고 욕지도 사람들이 물물 교환을 했지요. 그라다가 나중에는 욕지도 동항에서 자부랑개마을 전체가 시장이 돼삐기라요. 몰려든 고등어배가 수백 척이 넘어서 욕지항에 다 들어오질 못할 정도였으니깐. 거기에 고등어를 수집하는 사람들이 있었죠. 욕지도 사람들도 반찬허고 고등어를 바꿨지만, 다 필요는 없응깨나, 수집상헌테 넘갔지요. 수집상은 그 고등어를 몇 만 마리씩 소금 간해서 간독에 묻어다가, 통영이나 마산장으로 폴러 나갔고요."

아직 간독의 흔적이 남은 곳이 있다는 말에 발걸음을 옮긴다. 욕지도에서 간독이 가장 많았던 곳은 자부랑개^{자부포} 마을. 통영~욕지 간 여객선이 닿는 동항리에서 채 10분도 안 걸릴 만큼 가깝다. 욕지선구점, 욕지석유, 통영디젤 등등 항구의 간판들이 고등어 파시로 이룬 불야성을 흔적으로 말해 준다.

"저깁니다."

동행한 김흥국 상임위원이 어느 지점을 손으로 가리킨다. 그의 손을 따라 눈길을 주니, 그냥 공터다. 내심 간장이나 된장 등을 담은 큰 항아리 정도를 생각했는데, 텅 빈 공터라니?

"찬찬히 보이소."

다시 자세히 살펴본다. 그제야 넓은 공터 바닥의 시멘트 구조물이 눈에 들어온다. 대형 수족관이나 커다란 물탱크를 통째로 지하에 묻은 것 같은 형국이다. 크기는 가로 10미터, 세로 8미터, 높이 2미터 남짓. 입을 다물지 못할 정도로 초대형 간독이다. 저 넓은 곳에 고등어가 한꺼번에 들어간다니 도대체 얼마나 많은 고등어를 소금 간해서 넣어뒀다는 말인가. 이 간독은 욕지어업조합 ^{현 욕지수산업협동조합} 에서 대규모로 고등어를 사들인 중매인의 소유란다.

욕지도, 특히 자부랑개마을에는 집집마다 간독이 있었다. 간독은 크기도 형태도 다양했다. 중매인뿐만 아니라 가정집에도 간독을 파묻었다. 뗏마 ^{동력이 없는 작은 배} 에서 고등어를 사거나 선원들과 고구마로 맞바꾸던 욕지도 사람들은 부엌에 간독을 만들었다. 아궁이 옆 땔감을 모아둔 자리, 그 아래 흙을 파내고 시멘트로 간독을 만들어 넣은 형태였다. 양이 적은 경우에는 항아리를 쓰기도 했다. 마치 수백, 수천의 포기김치를 항아리에 담아 흙 속에 넣고 겨우내 꺼내 먹는 김장독처럼.

지금 생각하면 '하필 독성이 많은 시멘트?'라고 하겠지만, 당시에는 최고의 자재였다. 오죽하면 정부나 시멘트 회사로부터 많은 양의 시멘트를 확보하는 시장, 군수, 또는 면장이 최고의 인기와 권세를 누렸겠는가.

욕지 사람들은 간독에 얼마나 많은 고등어를 저장했을까? 분갈이를 하던 제명수(83) 할머니에게 "조모 집에도 혹시 간독을 했심니까?" 묻자, "우리 친정 집이 고등어 간독 전문 아이가!"란 답이 돌아왔다. 지금은 꽃나무가 놓인 장독대 전체가 예전 간독 자리란다.

"울 아버지가 욕지어업조합 9번 중매인이었다 아이가. 고등어배가 한꺼번에 밀리오모 조합 어판장에 고등어가 쫙 깔린다. 우리 집 겉은 경우에는 경매를 해서 고등어를 샀제. 한번 사모 부두에 고등어가 산더미요. 학구로 치면 수백 개라. 마이 할 땐 5만 마리쯤 고등어 간을 했을 끼라. 작게 하는 집은 고등어를 뗏마 두세 척 단위로 사고.

고등어 소금 간하는 것도 다 순서가 안 있나. 제일 몬저 고등어 배를 가리고, 뒤편에선 창자를 빼내고, 다음엔 바닷물에 고등어를 씻지. 마지막으로 소금을 치는 기라. 그라고 나서 간독에 착착 재어 놓지. 지금도 욕지도 바닷물이 얼매나 카클하노. 그때는 면경 ^{거울} 이라 면경. 그만큼 카클했다 아이가. 칼질 한번 착 하모 배가 갈라지고, 착 하면 갈라지던 그 풍경이 지금도 생생하다. 마을 사람들이 뱅 둘러앉아서 작업을 하모 적은 때는 10여 명, 많을 때는 50명쯤 됐지. 자부랑개에는 앞집, 옆집 할 것 읍시 집집마다 마당이고 부엌을 파내고 커다란 간독을 시멘트로 만들어 묻었지."

할머니는 당장이라도 어릴 적 그 시절로 돌아갈 듯싶다.

"욕지 우편소 아래 한 채, 여기 여인숙 한 채, 그리고 저기 큰 한옥집까지 세 채가 다 우리 집 아이가. 우리 아부지가 대만까지 고등어 폴러 가서 사온 인형이며 사탕, 과자가 지금도 생각나. 그 사탕이 울매나 달고 맛있던지."

고등어 이야기로 여든 할머니는 십대 소녀로 돌아간다.

이렇게 대량으로 저장한 욕지도 간고등어는 어디로 팔렸을까? 가까운 통영이야 당연하고, 가장 많이 팔려 나간 곳은 마산이었다. 1899년 개항한 마산은 일제 강점기 삼남 물류의 중심지였다. '안동 간고등어의 원조가 욕지도'라 말하는 사람이 있을 정도로 욕지도에서 선박으로 운송된 간고등어는 마산에서 육로를 따라 안동은 물론 전국으로 뻗어 나갔다.

욕지도 간고등어는 해로를 따라 시모노세키 下関 를 통해 일본 전역은 물론 저 멀리 대만까지 운송됐다. 기차, 트럭에 실려 육로를 따라 서울, 저 멀리 만주에까지 팔려 나갔다. 김임욱 욕지노인회장이 돛을 단 풍선 風船 을 타고 섬진강을 거슬러 올라가던 시절을 떠올린다.

"무동력선인 풍선에 염장한 간고등어를 싣고 섬진강을 거슬러 올라가. 밀물일 때는 바닷물 조류 따라 같이 올라가고. 썰물이모 닻을 놔서 멈추는 기라. 사천, 하동, 구례. 멀리 갈 때는 보성, 벌교꺼정 갔지. 욕지도는 쌀이 귀한깨, 쌀 폴모 제일이라. 고등어를 염장할 독아지도 바깠지. 그땐 돈은 읍고 순 물물교환이라."

위기를 기회로 바꾼 고등어 양식

1968년 정부는 욕지도를 어항시설과 냉동, 유통 기능을 갖춘 '어업전진기지'로 지정했다. 하지만 역설적으로 이때부터 욕지도에선 고등어 대풍 소식이 뚝 끊겼다. 바로 남획으로 욕지도 앞바다에서 고등어가 자취를 감춘 것이다. 조업기술이 발달하고 선박의 속도가 더 빨라졌다. 더 멀리서 고등어 어군을 발견하고 고등어보다 더 빨리 쫓아가, 한꺼번에 더 많이 잡을 수 있게 됐다. 결국 고등어의 씨가 마른 것이다. 남획은 어제오늘만의 문제가 아니다. 이미 1920~30년대 욕지도의 고등어 대풍 소식을 전한 신문들조차 다른 지면에서는 남획 문제를 지적했을 정도였다.

여기에 지구온난화로 높아진 수온도 고등어의 회유로를 바꿨다. 고등어 떼는 욕지도에서 추자도로, 추자도에서 제주도로 멀어져만 갔다. 요즘에는 아예 제주도 남쪽에서 고등어가 잡힌다.

욕지도 고등어가 부활한 것은 30년 후의 일이다. 2002년 욕지도 고등어 5톤이 일본으로 수출됐다. 그것도 소금 간을 친 간고등어가 아닌 살아 있는 활고등어로. 2005년에는 서울 등 대도시에 펄떡거리는 고등어가 횟감으로 선보여 화제를 모았

다. 횟감용 고등어의 등장이었다.

　주인공은 어업인 홍순진(56) 씨. 1993년 아일랜드 해외
연수에서 습득한 기술과 자신의 경험을 살려 '원형 내파성 가
두리' 양식 시설을 욕지도에 처음으로 도입했다. 욕지도는
원래 높은 파도와 빠른 조류로 고등어의 양식에 적합한 조건
을 가지고 있다. 하지만 강한 태풍으로 인해 그 누구도 가두
리 시설을 설치할 엄두를 내지 못했다. 이를 바람과 파도에

강한 원형 내파성 가두리 시설로 극복해낸 것이다. 또 바늘 모양 같은 침으로 고등어를 기절시킨 후 운송하여 대도시 횟집에서 다시 침으로 회복시켜 횟감으로 썰어 내는 방법도 고안해냈다.

홍순진 씨의 성공에 용기를 낸 다른 욕지도 어업인들도 하나둘 고등어 양식에 뛰어들었다. 이렇게 축적된 기술력을 바탕으로 최근에는 '생선의 왕' 참다랑어 양식의 꿈도 영글고 있다.

어머니의 사랑, 고등어

저녁이면 고등어 굽는 냄새가 욕지도 온 섬에 진동한다. 고등어는 반찬거리가 귀하던 시절 제일 흔한 식재료기도 했다. 고등어 배를 가르다 보면 아가미가 조금 잘리거나 뼈가 부러져서 상품가치가 떨어지는 파치, 즉 불량이 나온다. 이 고등어를 일꾼 아지매들이 집으로 가져가 저녁 반찬으로 올렸다.

"고등어 굽는 냄새가 골목골목, 집집마다 피어올랐지요. 불 때는 아궁이 알지예. 장작이 이글이글 타고 나모 불덩어리를 조금 덜 냅니다. 그라모 가늘고 연한 불이 되는데, 그걸 욕지에선 '먼불'이라 캅니다. 그 먼불에 석쇠 사이에 넣은 고등어를 굽십니다. 지글지글 육즙이 나오고 노릇노릇 굽히는 기라. 육즙이 너무 마이 빠져 삐모 퍼석해서 맛이 웂고, 덜 굽히모 지방질이 너무 많아 무립니다. 고등어 맛은 결국 어무이 손맛 아입니까. 고등어구이가 저녁 밥상에 오리모, 밥 몇 공기는 뚝딱이었죠."

'어머니와 고등어'라는 노래처럼 고등어구이는 어머니의 사랑을 상징하는 반찬이다. 고등어 굽는 연기가 골목마다 피어오르던 욕지도, 그 연기를 타고 어머니의 사랑이 섬 전체에 퍼졌으리라.

욕지도에서 먹는 고등어 요리에는 고등어구이나 고등어 조림 외에도 고등어 내장 젓갈에 싱싱한 고등어회 등이 있다.

"간고등어 맹글 때 내장은 필요가 웂잖아요. 그라모 대창 옆에 붙은 이물질만 쪼매 떼내고 젓갈을 담십니다. 김장을 할 때도 고등어 내장을 넣어요. 그라모 김치가 고소해지면서 깊은 맛도 더해져요. 내장 젓갈을 오래 삭히모 액젓이 되지요. 멸치나 까나리 액젓 맹키로, 고등어 내장 액젓도 음식마다 들어가는 만능 재료였십니다."

고등어회는 어떨까. 고등어회는 초장이나 고추냉이에 찍어 먹는 일반 회와 달리 생강소스에 찍어 먹는다. 게다가 회를 뜨는 방법도 여느 회와는 다르다. 욕지도에서 한 고등어회

전문점을 운영하는 곽금식(63) 씨를 방문했다.

"예전에는 고등어를 구이나 조림으로 먹었죠. 죽은 채로요. 지금은 자연산 고등어를 잡아서 가두리에서 키워서 회로 먹어요. 부가가치가 엄청 높아졌죠. 하지만 고등어회에도 약점이 있어요. 원래 고등어가 비린내가 많이 나고 독성이 있어요. 게다가 살이 물러서 잘못 요리하면 흐물흐물해요. 그래서 고등어회 조리법이 매우 중요하죠. 먼저 고등어 살과 뼈를 발라서 소금물에 간을 한 번 합니다. 다음에 찬물에 넣어두었다가 얼음을 넣은 식초에 담가둡니다. 산 고등어가 회로 나올 때까지 30분 정도 걸려요. 이 조리법을 통해 고등어 체내의 독성도 빠지고 육질도 단단해지죠. 고등어를 초장이나 된장처럼 기존 소스에 찍어 먹어 봤더니, 맛이 안나요. 어렵사리 살려서, 정성 들여 회로 썰어냈는데 말이죠. 도전과 실패를 거듭한 끝에 10여 가지 양념이 들어간 소스를 개발했어요. 벌꿀, 간장, 와사비 등등. 여기에 찧은 생강을 올려 먹으면 비릿한 맛을 잡아 주고, 고등어회의 달콤한 맛을 입안 전체에 더 퍼지게 하죠.”

고등어회의 역사는 짧지만, 횟감용으로 쓸 수 있을 만큼의 신선도를 유지하는 기술의 발견과 맛을 내기 위한 노력은 결코 짧다 하지 못할 것이다.

욕지도 개척 역사부터 함께한 고구마

고등어의 추억을 따라 거닐던 자부랑개마을에 인사를 건네고, 다음 마을로 걸음을 내딛는다. 언덕을 넘어서니 청사마을로 이어지는 해안길이 이어진다. 욕지도의 마을과 마을을 잇는 길은 작은 언덕을 올랐다가 바닷가로 내려서길 반복한다. 욕지도 일주도로를 뱃전에서 바라보면 새하얀 물결무늬가 초록빛과 황토빛 도화지를 배경으로 반복되는 추상화 같다. 그

길가, 그리고 마을마다 항상 고구마밭이 보인다. 정확하게 말하자면 고구마 밭둑 사이로 일주도로를 낸 것이다.

푸른 바다가 훤하게 내려다 보이는 대송마을 황토 언덕에서 고구마를 캐는 할아버지를 만났다. 밭고랑에 엉덩이를 붙인 할아버지는 호미로 얕게 흙을 뒤집어 붉은 몸체의 고구마를 집어 든다. 아까 특산물 판매장에서 본 고구마는 암갈색인데 비해 할아버지의 고구마는 붉은 색이 강하다.

"막 캐낸 고구마는 붉다. 조금 지나모 노래진다."

할아버지의 설명이다. 일흔을 넘긴 할아버지는 100세가 넘은 노모를 모시고 고향을 지키고 있다.

"어디, 통영 시내에서 왔다꼬? 나도 군대 징집됐을 때 통영 시내 가봤다. 니 통영군청은 가봤나?"

통영 시내 구경도 자주 못한 할아버지. 그 할아버지가 고구마 덕에 김해며 전남 하동, 벌교까지 구경 잘 했단다.

"가을에 고매 농사를 짓고 나모, 산더미처럼 배에 쌓아서 뭍으로 간다. 김해 가서는 두엄하고 바까 오고, 벌교 가서는 고막^{꼬막} 맛도 봤지. 하동 가봤나? 그기서는 고등어 간독 할 독아지도 제법 사왔다."

욕지도에서 칠십 평생을 고구마와 함께한 할아버지. 고구마는 언제부터 욕지도 사람들의 삶에 들어온 것일까? 욕지도에 사람이 살기 시작한 시점에 고구마도 함께 섬으로 들어왔을 것으로 본다. 그렇다면 욕지도에 사람은 언제부터 살았을까? 욕지도 패총 경상남도 지정 기념물 제27호 유적이 보여주듯, 욕지도에는 선사시대 때부터 사람들이 살았다. 하지만 욕지도에 본격적으로 사람들이 살게 된 것은 불과 120여 년에 불과하다. 이는 조선의 공도 空島 정책 때문이었다. 고려 말 이후 왜구의 침탈이 이어지자, 조선은 1400년대부터 아예 먼 섬의 주민들을 육지로 강제 이주시켰다. 한마디로 '백성을 지켜 주지 못하니, 섬을 비워라'는 정책이었다. 이 때문에 욕지도는 물론이고 동·서·남해안의 먼 섬들은 무인도가 됐다.

욕지도에 사람이 다시 살기 시작한 건 1800년대 말이다. 관리들의 수탈에다 삼남지방에 흉년이 거듭되자, 사람들은 뭍을 떠나기 시작했다. 그들의 눈길은 먼 섬으로 향했다. 관리들의 가혹한 학정도 피할 수 있고, 오랫동안 자연 상태로 방치돼 기름진 땅, 그곳이 바로 욕지도였다.

먼 섬 욕지도로 하나둘 사람들이 모여 들었다. 하지만 국법은 엄했다. 자칫 왜적과 내통했다는 혐의를 쓰면 자신은 물론 삼대의 목숨을 부지하기도 힘들었다. 궁리 끝에 조정에 욕지도에 살아도 될지 개척을 위한 허민 許民 을 요청한다. 조용하의 <욕지개척사>에 그 기록이 남아있다.

삼도수군통제영시대에 구진별장 김문언이 서울 오주부를 찾아가 상의한 결과 1887년 정해년 명례궁에서 허가를 한 지라, 풍화동 김원일, 오비 김덕원, 거제 김신지 등 4인이 입도하고 (용천사) 장수나무 아래에서 제단을 만들어 소 잡아 개척제를 모셨다.

　마침내 1887년 명례궁 ^{덕수궁의 옛 이름} 의 허가가 떨어졌다. 결코 백성을 위한 것이 아니었다. 허민의 배경에는 욕지도에 사는 것을 허락하면 어업을 개척해서 많은 조세 수입을 올릴 것이란 계산이 깔려 있었다. 이듬해인 1888년 민경호 통제사 부임 시기에 욕지도 입도 신청을 받기 시작하자 각지에서 사람들이 몰려들었다. 통제영의 승인을 받지 않고 식솔을 거느린 채 욕지도에 터를 잡은 이도 부지기수였다.

그러나 욕지도 초기 개척민들은 곧바로 굶주림에 직면했다. 바깥섬의 특징이 무엇인가? 태풍을 막아줄 섬이나 산이 없으니 비, 바람이 매섭게 몰아쳤다. 비탈이 많은 섬은 벼농사를 지을 곳마저 드물었다. 오죽하면 '욕지도에선 처녀가 쌀서 말을 못 먹고 시집간다'는 말이 나왔을까. 지금이야 욕지도에도 마트가 생겨 쌀을 척척 사 먹지만 불과 20~30년 전만 해도 청사, 목과, 대송 등 몇 마을을 제외하면 아예 쌀 구경을 못했다.

이때 욕지도 사람들을 굶주림에서 구한 작물이 고구마였다. 벼농사에는 최악인 환경이 고구마 재배에는 최적지였기 때문이다. 물 빠짐이 좋은 경사진 비탈에다 수백 년 묵은 황토, 한여름의 뜨거운 햇살은 씨알 굵은 고구마를 키워냈다. 게다가 고구마는 해풍에 강하니, 태풍이 잦은 욕지도에 가장 적합한 작물이었다.

고구마가 욕지도에 언제 들어 왔는지 정확한 기록은 없다. 남아메리카가 원산지인 고구마는 일본을 거쳐 우리나라에 전해진 것으로 알려져 있다. 1763년 목민관 조엄이 대마도에서 종자를 얻어, 부산진에서 그 저장과 재배법을 알리고 이듬해

동래와 제주도 지방에서 시험 재배한 것을 우리나라 고구마의 시초라고 본다. 그래서 욕지도 고구마는 1888년 욕지도 개척민의 배에 실려와, 100년 넘게 욕지도 사람들의 삶과 함께한 것으로 보고 있다.

욕지도 물고매의 정체

고구마가 유명한 만큼 욕지도 곳곳에서 소로 밭을 가는 풍경을 쉽게 볼 수 있었다. 봄이면 밭고랑을 타고, 가을이면 흙을 뒤집어 고구마를 캐내는 일에 소는 장정 여럿 몫을 해내는 상일꾼이었다. 개척 초기는 물론 1960~70년대까지만 해도 고구마밭은 넘쳐나는 반면 소는 귀했다. 덩달아 소 주인의 유세도 대단했다. 자기 밭부터 쟁기질을 부탁하려면 소 주인에게 막걸리 한 사발 받아 주어야 했다. 소 품삯은 어떻게 계산했을까? 고구마를 수확하면서 걷어낸 고구마 줄기 더미로 소 품삯을 대신했다. 벼농사가 거의 없어 볏짚이 귀한 욕지도에서 고구마 줄기는 곧 소의 주식이었다. 외양간의 푹신한 볏짚 역시 고구마 줄기가 대신했다.

하지만 시간이 흐르고 고구마의 용도가 변하며 소 쟁기질하는 모습이 보기 힘들어졌다. 자식들 공부 시키려면 돈을 벌어야 했다. 그래서 고구마를 내다 팔아야 했다. 욕지도에서 돈 되는 고구마는 술 주정용 절간고구마였다. 고구마에는 술의 주정인 에탄올이 감자, 사탕수수, 사탕무에 비해 서너 배 많이 추출된다. 1960년대 욕지도에는 고구마 전분 공장이 있었다. 욕지도 전체에서 생산되는 고구마를 수집 가공해 마산의 무학양조장 ^{현 무학소주} 등에 판매했다. 바싹 말린 고구마를 분쇄해서 물과 섞어 발효시킨 후 에탄올을 뽑아내서 주정을 만들었다. 이 주정에 물과 조미료를 섞어서 만든 게 소주였다. 소주의 주원료가 고구마였던 셈이다. 하지만 1980년대 동남아에서 국산 고구마보다 훨씬 싼 카사바가 주정 재료로 수입되면서 절간고구마는 급격히 사라졌다.

요즘에는 집에서 삶아 먹는 생고구마가 대세다. 절간고구마를 만들 때는 소 쟁기질로 고구마의 겉이나 속이 좀 상해도 별 문제가 없었다. 하지만 생고구마로 파는 요즘엔 껍질이 조금만 상해도 상품 가치가 극과 극으로 달라진다. 그래서 고구마 하나하나를 일일이 손으로 파낸다. 마치 금을 캐듯이 말이다.

이렇게 삶아 먹는 고구마 중에는 특히 물고구마가 인기가 있다. 물고구마를 연상할 때마다 떠오르는 장면 하나. 1970~80년대 인기프로그램 장학퀴즈에 경남 학생이 출연했다. 1위와 2위의 점수 차가 크지 않아, 한 문제로 우승이 결정되는 상황.

"일본에서 건너온 구황작물의 하나로……."

문제 설명이 끝나기도 전에 그 학생은 자신에 찬 목소리로 '고매'를 외쳤다. 고매가 고구마를 뜻하는 경남 사투리임을 알아 챈 차인태 아나운서가 세 글자라고 힌트를 주자, 그 학생은 더 크게 외쳤다.

"물고매!"

고구마에 얽힌 우스갯소리인가 했더니, 실화였다. 차인태 아나운서가 2011년 6월 MBC황금어장에서 "고구마가 정답인 문제가 있었는데, 경상도 학생이 '고매'라고 사투리로 대답해 오답 처리한 적이 있다"고 밝혔다.

달짝지근하면서 물기가 많은 물고구마는 타박고구마^{밤고구마}와 달리, 목이 메지 않아 인기였다. 설을 쇤 후 더 몰랑해진 물고구마를 삶아, 묵은 김치에 싸 먹는 맛은 그야말로 둘이 먹다 하나 죽어도 모를 맛의 절정이었다. 그 맛을 기억하는 중년층은 일부러 물고구마를 구하러 욕지도를 찾기도 한다.

그런데 요즘 시중에 유통되는 욕지도 고구마는 밤고구마다. 물고구마는 왜 사라졌을까? 김임욱 욕지노인회장은 고구마의 품종과 욕지도의 토질을 이유로 답한다.

"물고매를 왜 선호하느냐. 가을에 땅을 파고 고매를 묻어 놨다가 겨울에 살짝 언 고매를 깎아 묵으면 달달한 무처럼 맛이 있고, 삶아 놓으면 물렁물렁하니 묵기가 좋았거든. 원래 품종이 밤고매와 물고매가 달라. 밤고매는 원기종이라꼬, 고매 생산량의 대부분이라. 일본 오키나와 沖繩에서 개발한 오키나와 품종 고매가 물고매라. 욕지 물고매가 알고 보면 오키나와 고매라. 그런데 이걸 욕지도 밭에 10년 정도 심으면 단단한 밤고매로 변해삔다."

남귤북지 南橘北枳. '남쪽 땅의 귤나무를 북쪽에 옮겨 심으면 탱자나무로 변한다'더니, 일본에서 수입된 고구마는 욕지도의 기후와 풍토에 따라 종자까지 달라지는 모양이다.

고구마는 더 이상 가난의 상징이 아니다

고구마는 흉년이 들거나 기근이 심할 때 주식 대용으로 먹는 대표적인 구황작물이다. 육지에서 고구마는 주식의 대용이지만 욕지도에서는 고구마 자체가 중요한 주식이며, 욕지도 사람들의 생활 문화 전반에 큰 영향을 미친 중요한 먹을거리다. 욕지도 개척의 역사부터 오랜 시간을 함께하며 욕지도의 땅, 그리고 사람들의 부엌 깊숙이 스며든 고구마. 고구마 대농 하동수(66) 씨에게 아침부터 저녁까지 고구마와 함께한 일상을 들어 보자.

"한 끼는커녕 하루 두 끼를 묵기 힘들었는 기라. 우리 집만 그런기 아이고, 다른 집도 매 마찬가진 기라. 쌀은 구경도 못했고, 보리밥도 귀했지. 그나마 보리농사를 지어서 봄부터 가을 꺼정 묵고 나모, 가을부터 겨울 내내 고매가 주식이라. 고매 덕분에 목숨 연맹한 기라. 하늘이 주신 건지, 용왕님이 주신 건지 몰라도, 욕지도 사람들에게 고매는 참 소중한 작물이라. 고매로 뭘 해 묵냐꼬? 주식은 아무래도 고매 빼떼기죽이지. 고매를 납작납작 썰어 갖고 지붕이나 마당, 밭둑 사이에 널어 말리는 기라. 그라모 빼떼기가 돼. 그 빼떼기를 소죽처럼 가마솥에 푹푹 낄이 묵었지. 지금처럼 퐅^ᵖ이나 수수 이런 걸 넣어 묵는 거는 상상도 못했고. 쌀도 귀하던 시절인데. 오로지 물 붓고 빼떼기가 걸쭉해지도록 낄이 묵는 게 다였지."

하동수 씨가 어린 시절 굶주림을 면한 건 고구마 빼떼기죽 덕분이었다. 가을이면 집집마다 수확한 고구마를 납작하게 잘라, 볕에 말렸다. 이렇게 고구마를 얇게 썰어서 말린 걸 빼떼기라고 한다. 볕이 좋으면 일주일, 흐린 날이면 열흘이 지나면 먹기 좋게 바짝 마른다. 이슬이 내리기 시작할 무렵부터는 아침

일찍 빼떼기를 펼쳤다가, 해질 무렵이면 거둬들여야 했다.

말린 빼떼기를 펼쳤다가 거두는 것은 아이들 몫이었다. 그래도 빼떼기 말리는 일이 싫지만은 않았다. 꾸덕꾸덕 마른 빼떼기는 등하교 혹은 소나 염소를 꼴 먹이러 다닐 때 긴요한 간식거리가 됐기 때문이다.

가난의 상징이던 빼떼기죽이 요즘에는 웰빙 식품으로 각광받고 있다. 고구마의 비타민C, 껍질에 있는 베타카로틴은 피부 미용과 노화 예방에 좋다. 풍부한 식이섬유는 대장 운동을 활발하게 해서 변비에도 특효이고 다이어트에도 크게 도움이 된다.

요즘엔 고구마 빼떼기에다 조, 팥, 찹쌀가루로 만든 새알심까지 넣으니, 맛도 영양도 만점이다. 이제는 아예 팩에 담은 레토르트 제품까지 나와, 계절에 상관없이 먹을 수 있게 됐다.

빼떼기죽이 주식 대용이라면 고구마 줄기 김치 ^{고매 줄거리 김치}는 배추김치 대용이었다. 고구마 줄기 김치는 고구마 줄기를 떼어낸 후 질긴 껍질을 벗겨내고 연한 순만 김치로 담가 먹는다. 껍질을 벗긴 순을 소금으로 절인 후 고춧가루와 액젓을 넣고 무쳐낸다.

고구마 줄기가 여린 봄부터 고구마 줄기 김치를 즐긴다. 처음에는 시원한 맛이 나고, 사나흘 지나 조금 익으면 시큼하

면서도 아삭아삭 씹는 느낌이 좋다. 한여름 더위가 한창 기승
일 때, 고구마 줄기 김치 국물을 벌컥벌컥 들이키면 온몸으로
시원함이 짜릿하게 번진다. 밀가루 풀이나 얇게 채 썬 무를
넣어, 익는 속도를 조절하거나 씹는 맛을 더하기도 했다. 고
등어가 많이 잡히는 욕지도니, 당연 고등어조림에도 고구마
줄기가 들어갔다. 고등어는 크기에 따라 서넛, 혹은 대여섯
덩어리로 뭉텅하게 잘라 넣는다. 간장이나 된장 양념을 풀어

자작하게 끓여 내는데, 보통 무를 넣고 그 위에 고구마 줄기를 툭툭 썰어 넣는다. 무가 없으면 아예 고구마 줄기만 넣기도 했다. 살집 두툼한 고등어 살을 양념 밴 고구마 줄기로 돌돌 말아 먹었다.

봄부터 가을, 특히 여름철 바람 잘 통하는 마루나 시원한 나무 그늘에 모여 앉아, 두런두런 이야기를 나누며 고구마 줄기 껍질을 벗겨 내는 모습이 지금도 눈에 선하다.

고구마 농사를 지속하려는 노력

고구마를 저장할 시설이 따로 필요할 정도로 욕지도에서는 집집마다 고구마 농사를 많이 지었다. 집에서 먹을 분량이야 골방에 넣어두지만, 쌀이나 퇴비, 생필품으로 바꿀 고구마는 별도 저장고에 보관했다. 적게는 몇 집이 함께, 크게는 마을 전체가 모여 고구마 저장고를 만들었다. 초기에는 땅을 파서 구덩이를 만들었고, 일제 강점기에는 경사면의 흙이나 암벽을 옆으로 파내 굴을 만들었다. 김임욱 욕지노인회장이 고구마 저장고를 설명했다.

"처음 흙구덩이에 고구마를 저장할 때는 짚으로 숨통을 틔

워 놨어. 아침, 저녁, 때로는 낮에도 가서 손을 쭉 넣어 보는 기라. 온도와 습도를 확인하는 거지. 그래서 얼겠다 싶으모 덮어 놓고, 덥거나 축축하다 싶으면 열어 놓았지. 일제 강점기에 판 굴 저장고는 딱 개미집 모양이야. 입구에서 길게 똑바로 들어가서 개미집 모양으로 옆으로 가지를 치는 거지. 평상시에는 고구마 저장고 역할을 하지만 적기가 날아오면 방공호로 써. 일거양득인 셈이지. 한번은 사이렌 소리가 요란하게 울려 고구마 저장고에 숨었지. 미군 비행기가 기총소사를 하고 좌사리, 국도 방향으로 날아가는데, 조종사가 여자인거라. 산 중턱의 고구마 저장고에서 머리만 내밀고 바라보니, 소형 비행기 속에 노란 머리의 여자가 훤히 보이더라."

고구마 저장고 역사만큼의 세월을 지닌 욕지도 고구마. 요즘 욕지도 고구마는 큰 호황을 누리고 있다. 고구마 5킬로그램 한 상자에 2만 5천 원, 10킬로그램 한 상자에 4만 5천 원 선이다. 10킬로그램 쌀 한 포대가 2만 5천 원 남짓한데 비하면 두 배가 높은 가격이다. 그런데도 찾는 사람들이 많아 '없어서 못 팔겠다'며 행복한 비명을 지르고 있다. 인터넷 쇼핑몰도 품절이기 일쑤다. 덕분에 욕지도의 고구마 재배 농가수가 242호, 재배 면적 199헥타르, 연소득이 24~27억 원에 이른다. 생산량도 연 2천8백~3천 톤에 이른다.

욕지 사람들에게 "고매 농사가 앞으로도 계속 될까요?"하고 물었다. 열이면 열 고개를 절레절레 흔든다. 욕지도에서 고구마 농사를 짓는 젊은이는 거의 없고 '40대는 전멸'이란 표현까지 나온다. 60~80대로 농사 연령이 높아진 것이 가장 큰 문제다. "이대로 가면 10년 뒤에는 고구마 농사도 끝이다"란 대답이 돌아올 정도다. 통영시 등 행정기관은 고구마 농사가 사라지는 것을 막기 위해 선 채 모종을 심는 장치, 수확한 고구마를 이동시키는 모노레일, 자동 저온 저장고 설치 등 보다 편하게 고구마 농사짓는 방법을 개발하여 보급하고 있다. 하지만 무엇보다 젊은 사람이 섬에 들어와 고구마 농사를 이어받는 것이 더 중요하지 않을까?

우장춘 박사가 보장한 감귤 최적지 욕지도

간간히 보이던 감귤나무가 숲을 이룬 곳, 그곳이 바로 도동마을이다. 도동마을 언덕에 서면, 파란 바다를 배경으로 노란 감귤이 익어 가는 풍경과 만날 수 있다.

언젠가 제주 올레 서명숙 이사장에게 "제주 올레를 만들 생각을 어떻게 했느냐?"라고 묻자 이렇게 대답했다.

"영혼의 휴식처 산티아고 길은 너무나 훌륭했지. 하지만 끝없이 펼쳐진 포도밭은 색의 변화가 거의 없었어. 그런데 내 고향 제주 서귀포에는 파란 바다를 배경으로 노랗게 감귤이 익어가지. 감귤밭 덕분에 제주도에 올레길을 만들 자신이 생겼어."

욕지도의 풍경 또한 제주도에 못지않다. 매년 10월 말에서 11월이면 파란 바다 속에서 감귤이 노란 꽃처럼 피어난다. 과수원이나 농장뿐만이 아니다. 가정집 정원에서도 감귤이 익어간다. 욕지도에도 올레길이 생겼으면 좋겠다. 그래서 감귤밭 사이로 굽이굽이 이어지는 해안길을 느릿느릿 걷고 싶다.

이렇게 감귤나무가 많은 욕지도이지만, 욕지도 감귤 이야기를 꺼내면 "처음 들어본다. 감귤하면 제주도 아닌가?"하고 묻는 이들이 더 많다. 욕지도에서 언제부터 감귤이 재배된 걸까? 1961년 동아일보, 경향신문에 욕지도 감귤 기사가 등장하니, 그 이전으로 보면 되겠다. 두 신문 모두 '제주도 제외하고는 유일한 귤 재배 지역'으로 욕지도를 소개하고 있다. 아울러 동아일보에는 '몇 년 후에는 제주도의 귤이 아닌, 욕지도의 귤이 서울 남대문 시장에 나타날 것'이라고 섬사람들이 자랑하고 있다는 대목이 나온다. 당시 신문을 통해 1960년대부터 욕지도의 감귤 재배가 본격화된 걸 알 수 있다.

欲知島, 唯一한 '귤' 産地로 登場

불과 七十년 전 육지에서 이주하기 시작한 후 세상에 알려진 욕지도 (경남 통영)는 지금 귤(橋) 재배가 한창이다. 제주도를 제외하고는 우리나라에서 유일한 귤 재배 지역인 이곳은 八七년 한국이 낳은 세계적인 학자 고 우(禹長春) 박사가 일본에서 묘목을 도입 이식한 것이 시초가 되었다. 면 소재지인 동항리(東港里)를 중심으로 十정보에 달하는 경작지에는 현재 약 五천 그루의 귤나무가 무성한 잎사귀를 과시하며 자라고 있다. 벌써 탱자알만큼이나 자란 귤은 十월이면 시장에 싱싱한 빛을 나타내게 된다.

경향신문 1961.07.25

욕지도에 감귤이 들어온 것은 육종학자 우장춘 박사 덕분이다. 1955~56년 욕지도 일대를 직접 방문한 우장춘 박사는 욕지가 감귤 재배의 적지임을 알아보고 묘목과 기술 도입에 앞장섰다. 당시 신문들은 우장춘 박사의 행보와 욕지도 감귤 재배 시도 소식을 빅뉴스로 전했다.

最初의 蜜柑栽培 統營郡內에 二千구루

기후가 비교적 따뜻한 남부해안도서지대에서 밀감(굴=蜜柑)을 재배하려는 우리나라에서의 첫 시도가 오랫동안의 연구 끝에 머지않아 결실을 보게 될 것이라고 한다. 경남도농무당국에서 알려진 바에 의하면 이번 統營郡欲知面의 一만 평여에 걸쳐 밀감나무 二천주의 식목을 완료하였다고 하는데 내년에는 巨濟郡 일부 지역에도 식목할 계획이라고 한다.

동아일보 1956.05.30

욕지도 사람들은 '욕지도에 앞서 납도에서부터 귤이 재배됐다'고 입을 모은다. 욕지도의 부속 섬으로 납작하게 엎드린 형상을 한 납도는 한겨울에도 영상의 따뜻한 기온을 유지하는데다, 동백, 후박나무 군락이 천연 방풍림을 형성한다. 덕분에 우장춘 박사는 일찌감치 납도를 '감귤 재배의 최적지'로 선택했다.

현지를 답사한 우장춘 박사는 "제주도보다 천연 조건이 더 좋다"라고 극찬했다. 섬사람들은 앞을 다투어 감귤의 묘목을 심어, 1966년 첫 결실을 보게 된다.

1966년 동아일보에는 '제2의 밀감산지……남해의 납도'라는 제목으로 소개하는 기사가 실려 감귤 재배에 대한 기대를 엿볼 수 있다. 당시 동아일보 기사 한 대목이다.

섬사람들이 이제 10여 년 전에 심은 밀감(蜜柑)나무가 자라 올들어 처음 대량생산에 성공했고 "濟州 밀감보다 맛이 좋다" 하여 제2의 밀감 센터로 크게 번창할 꿈에 부풀어 있다.
(중략)
이 섬에서 처음으로 밀감 묘목 4백 그루를 심었던 朴鍾植(42) 씨는 올들어 처음으로 수확, 15만 원을 벌었고 朴씨에 뒤이어 묘목을 심었던 섬사람들도 내년부턴 돈벌이를 할 수 있다고 벅찬 꿈에 잠겨 있다.
納島의 경작 면적은 3만 평, 수확이 가능한 묘목은 5백여 그루에 지나지 않지만 수천 그루의 묘목이 무성하게 자라고 있어 멀지 않아 한국 제2의 밀감 센터가 될 것이라고 섬사람들은 희망에 부풀어 있다.

동아일보 1966.01.06

김임욱 욕지노인회장은 감귤 도입에 크게 영향을 끼친 우장춘 박사와 만난 날을 아직도 생생하게 기억한다.

"우장춘 박사를 처음 뵌 날은 면청사 앞에 벚꽃이 한창 피었을 때라. '욕지도가 적지냐, 아니냐' 우장춘 박사의 한마디에 감귤 재배 여부가 결정될 때라. 6·25 이후 피폐해진 당시 상황에서 육종학자인 우장춘 박사의 인기나 영향은 실로 대단했지. 공무원도 있었고, 농민들도 있었다. '가능성이 높다'는 우장춘 박사의 말씀에 감귤을 재배해 보겠다는 농민들이 기대와 용기를 갖던 모습이 지금도 생생타. '욕지도에서 대학나무인 감귤나무가 재배된다니!'하고 감격해 하는 사람들도 있었다."

하지만 욕지도 사람들이라고 모두 감귤 재배를 반기지는 않았다. 1966~67년 욕지도 일대가 감귤 재배 적지라는 인정을 받아, 정부 시책으로 대량의 감귤 묘목이 보급되었다. 당시 일본에서 가져온 감귤 묘목은 4만 6천 그루. 남향인 동항리 일대는 적지지만 목과, 청사, 대송 등 북향의 마을들은 북풍받이라 감귤을 재배할 수 없었다. 그래서 목과 등지의 사람들은 감귤 재배를 원하는 사람이 없었다. 하지만 이미 일본에서 들여온 나무를 어쩌겠는가.

욕지면에서는 마을 경지 면적에 준하여 감귤 묘목을 나누어 주었고, 마을에서는 다시 개인 경지 면적에 따라 묘목을 지급해 심게 했다. 밭 가장 자리에 고추 묘목 심듯 심은 사람이 있는가 하면 아예 심지도 않고 땔감으로 쓴 사람도 있었다. 이랬든 저랬든 감귤 종자 값은 갚아야 했다.

당시 감귤 묘목 한 그루 가격은 128원. 당시 욕지면 산업계 담당이었던 박종옥(95) 어르신은 "보조가 64원, 자부담이 64원이었다. 이미 귤을 고추 묘목 심듯 심은 사람이나 땔감으로 쓴 사람들이 무슨 수로 64원을 갚겠는가. 그 돈 받으러 다닌다고 고생깨나 했다"라고 회고한다.

새콤달콤 짙은 맛의 욕지 감귤

"욕지도 감귤 맛하고 제주도 감귤 맛이 완전히 다르다"라며 맛이 다른 이유를 물어보는 이들도 제법 있다. 박종옥 어르신은 "아예 품종이 다르다"라고 설명한다.

"제주도는 조생종 早生種이 많은데, 욕지도에는 만생종 晩生種이 퍼졌어. 욕지도에도 1967년에는 만생종을, 1968년에는 조생종을 보급했는데 1968년 혹한으로 초기 공급한 귤나무 대부분이 고사해. 그래서 1970~80년대 다시 심은 게 만생종이야."

만생종인 욕지도 감귤은 껍질에 점이 있고, 단단하면서도 신맛이 많이 나는 편이다. 반면 조생종인 제주도 감귤은 귤껍질이 얇고 달다.

욕지도 감귤은 '감귤나무 한 그루에 쌀 두세 가마'라고 할 만큼, 자녀들을 대학으로 보내는 데 크게 보탬이 되는 대학 나무로 인기를 얻었다. 하지만 1970~80년대 제주도에서 감귤이 과잉 생산 되면서 가격이 폭락하고 설 자리를 잃게 되었다. 홧김에 애써 키운 감귤나무를 베거나 태워버리는 경우도 빈번했다. 오죽했으면 자식 같은 감귤나무를 뿌리째 뽑아 버렸을까.

이렇게 욕지도의 감귤 농사는 맥이 끊기는가 싶었지만, 2000년대 들어 욕지도 감귤은 새롭게 인기를 얻고 있다. 욕지도 감귤을 찾는 사람들이 늘어난 것이다. 욕지도 감귤의 새콤달콤한 맛과 '무공해 건강식품'이란 점이 사람들에게 깊이 각인되기 시작한 것이다.

"제주 감귤은 싱거워. 욕지 감귤은 깊은 맛이야. 제주 감귤은 달기만 하거든. 욕지 귤은 산도와 당도가 높아서 새콤달콤한 맛이 일품이야. 아, 감귤 이야기만 해도 입에 침이 고여."

박종옥 어르신의 욕지도 감귤 자랑이 대단하다.

"워낙에 돈이 안 되다 보니, 농약을 안 쳤어. 그래서 무공해야. 지금도 욕지도 감귤은 농약을 안 친다. 그러니, 대도시 사람들이 무공해, 건강식품 하면서 욕지 감귤을 찾는 거지."

최근 욕지도 감귤 재배 농가는 60호, 연간 생산량이 180톤에 이른다. 가격도 10킬로그램 한 상자가 3만 5천 원 선이다. 다시 감귤나무 한 그루에 쌀 두세 가마 시대가 열리며 욕지도는 호황을 누리고 있다.

고등어에서 고구마, 감귤에 이르기까지 욕지도를 대표하는 세 가지 특산물. 벼농사를 짓기엔 적합하지 않지만 바다에 둘러싸인 섬이라는 환경 덕분에 찾아낸 이 먹거리들은 욕지도 사람들의 삶을 크게 바꾸었다. 그들은 새로운 요리를 만들어냈고, 그것을 요리하고 가공하는 과정은 욕지도만의 특수한 삶과 문화가 되었다. 이러한 생활 문화가 듬뿍 담긴 밥상을 앞으로도 계속 받아 먹을 수 있기를 바라본다.

추도

●

물
메
기

말
리
는

풍
경

흔히 통영을 '대한민국 수산 1번지'라고 부른다. 그만큼 통영
에선 다양한 수산물이 많이 잡히고, 수많은 어획 방법이 발달
했다. 조선시대 삼도수군통제영에서 300년 동안 임금님 수라
상에 올린 진상품부터 일제 강점기 발동선을 이용한 어획 방
법까지, 통영은 늘 대한민국 수산업의 제일 첫 번째 자리에 있
었다. 통영은 다양한 수산물의 종류만큼 말린 고기(통영에서

는 생선을 '고기'라 부른다), 즉 건어도 많다. 내장을 빼고 깨끗하게 씻은 생선을 솔솔 부는 바닷바람에 말려 건어로 만드는 과정은 음식을 가공하여 저장하는 우리네 조상의 현명한 지혜를 담고 있다. 이러한 건어를 말리는 풍경은 시장이나 항구가 아니더라도 통영 곳곳에서 흔히 볼 수 있는 정경이었지만 지금은 많이 사라졌다. 물론 아직도 통영 사람들은 아파트 베란다나 옥상에서 가자미며 물메기를 말리고 있고, 그 모습을 통해 세월이 지나고 환경이 바뀌어도 통영의 생활 문화가 온전히 남아 있음을 확인한다. 그리고 겨울 추도에 가면 이 생동감 있는 풍경이 섬 전체에 고스란히 남아 있다.

"승진호 들어온다. 준비해랏!"

저 멀리 사량도 나무여 부근에서 배 한 척이 하얗게 물살을 가르며 추도 방향으로 들어온다. 그냥 비슷비슷한 배 한 척이다 싶은데, 추도 사람들은 멀리서도 배 이름을 척척 맞춘다. 몇 십 년을 함께 살을 부대끼며 살아온 덕분이다.

배가 가까워질수록 선착장 주변은 분주해진다. 선착장에는 손수레가 대기하고 있다. 승진호는 선착장에 닿자마자 손수레 위로 물메기를 던져 올린다. 한두 마리 수준이 아니라 열 마리, 스무 마리 이윽고 수백 마리에 이르는 많은 물메기가 손수레 안쪽에 수북이 쌓인다. 손수레는 쉴 새 없이 마을 주민들이 기다리는 공동 작업장으로 달린다.

손수레가 배와 공동 작업장을 왕복하길 네 차례. 이날 승진호가 잡은 물메기는 700마리 가량이다. 이 정도면 꽤 괜찮은 수확이다. 배 한 척이 하루 1,200~1,500마리를 잡아 올릴 때도 있다. 승진호의 뒤를 이어 추도의 물메기 통발배들이 속속 귀항한다.

이제는 우물 옆 공동 작업장이 분주해질 차례다. 아낙네 10여 명이 세 개 조로 물메기 해체 작업을 한다. 물메기 꼬리부터 머리까지 배를 가르는 작업이 첫 번째다. 한칼에 쓰윽 배를 가르는 솜씨가 날렵하다. 아가미와 내장은 젓갈을 담기 위해 별도의 상자에 담는다. 물메기를 넘겨 받은 아낙네들은 물메기를 물에 담아 씻는다. 맑고 깨끗한 우물물에 물메기를 마치 빨래처럼 흔들며 씻는 모습이 역동적이다. 마지막으로 솔을 든 아낙네들이 물메기에 남은 핏기와 잔류물을 빡빡 문질러 낸다. 배를 가르고, 물에 씻고, 솔로 문지르는 세 가지 과정이 채 1분도 안 걸린다. 이 과정을 거치면서 살구색 또는 핏빛이던 물메기의 속살은 하얗게 변한다.

작업이 모두 끝나면 아낙네들은 하루 일한 품삯을 돈이 아닌 물메기로 받는다.

"현금으로 받으면 손해다. 물메기 열 마리, 스무 마리를 품

삯으로 받아서 말렸다가 내다 팔면 10만 원이고 20만 원 돈벌이가 된다. 물메기를 받아 가면 반찬도 되고 돈도 되니 훨씬 이익이다. 섬사람들은 다 그렇게 한다."

추도 물메기 맛의 세 가지 비결

강원도에 명태 덕장이 있다면 통영 추도에는 물메기 덕장이 있다. 통영 시내에서 여객선으로 15킬로미터, 1시간 30분쯤 떨어진 곳, 해마다 겨울이면 물메기의 섬 추도에는 집집마다, 밭마다 물메기가 줄지어 매달려 바닷바람을 맞으며 얼고 녹는 풍경이 그려진다.

물메기는 대한민국 동·서·남해안 어느 바다에서나 많이 잡히는 생선이다. 동해에서는 '곰치' 또는 '물곰', 서해에서는 '잠뱅이', '물잠뱅이' 등으로 불린다. 이름 때문에 성질이 포악한 '뱀장어목 곰치'와 혼돈하지만 '쏨뱅이목 꼼치'에 속한다. 물메기는 짧고 통통한 몸매에다 네모난 얼굴 때문에 '못생긴 생선'의 대명사이다. 강원도, 충청도, 전라도, 그리고 경상도 대한민국 어느 바다에서나 생산되는, 게다가 못생기기까지 한 생선이 유독 통영에서 '추도 물메기'라고 불리며 귀한 대접을 받는 이유는 무엇일까?

추도 물메기 맛의 비결 그 첫 번째는 어획하는 과정에 있다. 추도 물메기 어획은 주로 11월 중순부터 이듬해 2월까지 3~4개월 간 이뤄진다. 물메기는 알을 낳기 위해 수심 30~50미터 비교적 얇은 바다로 회귀한다. 물메기의 주된 조업지는 추도와 사량도, 남해도, 욕지도를 잇는 마름모꼴 해역이다. 요즘에는 물메기가 귀하신 몸이 되면서 '다이아몬드 바다'라 한다.

겨울이 되면 추도 사람들뿐만 아니라 인근 사량도, 두미도, 욕지도, 그리고 남해, 여수 어부들도 물메기잡이에 나선다. 그런데 물메기를 잡는 통발이 다르다. 추도 이외의 지역 어부들은 플라스틱이나 스프링 통발을 사용하여 물메기를 잡는다. 반면 추도 어부들은 대나무 통발을 여전히 고집한다. 플라스틱이나 스프링 통발은 공장에서 대량 생산하는 공산품이기 때문에 가격이 저렴하고 튼튼한 장점이 있다. 하지만 대나무 통발은 대나무를 엮어 통발을 만드는 수제품으로 상대적으로 가격이 비싸고 약한 단점이 있다.

그럼 왜 추도 사람들은 대나무 통발을 고집하는 걸까? 우선 원재료인 대나무는 물에 뜬다. 물메기는 뻘이나 모래 속에 사는 도다리와는 달리, 바닥에서 50센티미터~1미터 가량 위에서 서식한다. 대나무 통발은 물속 바닥에서 약간 떠다니는 고유한 성질 덕분에 물메기를 잡기에 최적이다. 심춘우(60) 추도 미조마을 이장의 자랑이다.

"추도나 사량도나 바다 바닥이 뻘이라. 통발이 뻘 속에 박히면 물메기가 한 마리도 안 들어온다. 대나무 통발은 가볍기 때문에 물살을 따라 둥둥 떠다닌다. 물메기 습성에 딱 맞춘 게 대나무 통발이제. 그래서 대나무를 갖고 우리 조상님들이 지혜롭게 통발을 만들었다."

게다가 나무라는 천연 재료는 통발 속에 잡힌 물메기의 신선도를 유지해 준다. 최근 나무에서 FRP로 선박 재질을 바꾼 장어 통발배 어선들은 먼 바다에서 어획한 장어를 뭍으로 가져울 때 애를 먹는다. 목선은 선박 재질인 나무 자체가 숨을 쉬면서 바닷물과 통했기 때문에 장어의 폐사가 적었는데, FRP 선박으로 바꾸면서부터 폐사율이 높아졌기 때문이다. 폐사율을 낮추기 위해 인공적으로 산소를 계속 공급할 정도로 안간힘을 기울이고 있다.

다른 지역에서 플라스틱 통발로 바꾼 이유 가운데 하나가 대나무 통발을 제작하거나 수리할 기술자가 없다는 점이다. 하지만 추도에는 과거 하루만에 80~100개의 대나무 통발을 만들어 부산까지 판매할 정도로 실력을 인정받은 기술자들이 아직도 몇 분이나 남아 있다. 추도에서 대나무 통발이 계속 이어지는 이유다.

추도 물메기의 가치를 높여 주는 두 번째 비결은 물이다. 말릴 생선을 손질하고 씻는 과정에는 물이 많이 필요하다. 욕지도에 '처녀가 쌀 서 말을 못 먹고 시집간다'는 말이 전해질 정도로 인근 섬들은 물이 귀했다. 하지만 추도는 바닷가에 가까운 마을에서 섬의 정상 부근까지 물이 넉넉했다. 논농사를 지어 쌀밥을 배불리 해먹고도 남은 쌀을 뭍으로 팔러 나갈 수 있을 정도였다.

물은 요리의 기본 재료이며 농사와 생활 전반에 반드시 필요한 모든 것의 근원이다. 특히 물은 섬사람들의 생활과 밀접

한 관계를 맺고 있어서, 물이 풍부한 섬과 부족한 섬은 부엌 문화에도 차이가 있다. 물은 만병을 치유한다고 하던가. 추도의 우물물은 위장병에 좋다고 소문이 날 정도로 효험이 있다고 한다. 추도에서는 '해장국 대신 우물물 세 잔부터 마셔라'는 말이 회자될 정도다. 다른 섬에서도 물메기가 잡히지만, 추도 물메기의 특별함은 바로 이 우물물에 있다.

바다에서 어획한 물메기는 우물물에 담고 씻는 과정을 서너 번씩 거쳐 추도 물메기라는 귀한 존재로 거듭난다. 더구나 바닷가 바로 옆에 위치한 우물인데도 소금기가 전혀 없다. 그래서 추도 우물에서 씻는 물메기는 같은 바다에서 잡은 다른

섬의 물메기들과 달리 짠맛이 덜하다. 그러니 짠 걸 피하는 도시 사람들이 추도 물메기를 서로 사려고 줄을 설 수밖에.

추도의 물메기가 특별할 수밖에 없는 세 번째 비결은 물메기를 덕장에 거는 방법에 있다. 인근 두미도에선 대나무 꼬챙이로 물메기를 덕장에 고정한다. 반면 추도에선 못을 사용한다. 대나무에 비해 못은 고정하는 면적이 좁아 물메기 몸체의 형태가 고스란히 유지된다.

생선을 말리는 과정에서 가장 큰 천적은 고양이와 쥐다. 호시탐탐 생선을 노리는 고양이와 쥐를 일이 바쁜 사람들이 계속 지킬 순 없다. 그래서 고안해 낸 게 소나무 가지다. 추도 물메기 덕장을 자세히 살펴보면 곳곳에 소나무 가지가 거꾸로 매달린 모습을 보게 된다. 뾰족하고 날카로운 소나무 비늘은 고양이와 쥐가 덕장 나무를 타고 올라오는 걸 원천 봉쇄한다. 상품 上品 물메기가 고양이나 쥐의 입에 닿아 볼품없는 하품 下品 으로, 심지어 판매조차 못할 정도로 몸체가 훼손되는 일이 추도에선 일어나질 않는다. 추도 사람들이 최상급 품질의 물메기를 생산하기 위해 생활 속에서 고안해 낸 지혜에 감탄한다.

특별한 정을 나누는 넉넉한 물메기

통영만큼 계 모임이 성한 곳이 있을까? 마음 맞는 친구며 선후배, 동호인까지. 요즘에야 식당을 빌려 계모임을 하지만 예전에는 계 구성원의 집에서 모였다. 겨울밤이면 마른 물메기 몇 마리만 내놓아도 술안주 걱정을 안 해도 됐다. 그것도 별다른 양념을 치지 않은 채, 살짝 불에 구워서 내면 그 자체만으로 훌륭한 술안주였다. 손이 덜 가는 마른 물메기는 안주인으로서는 선호하는 안주감이었다. 불포화지방산이 적어 비릿하지 않고 담백한 마른 물메기를 알싸한 고추장에 찍어 먹으면, 입안에는 저절로 군침이 고이기 마련이다.

마른 물메기는 구워도 먹지만 찜 재료로도 인기다. 물메기는 주로 일주일에서 열흘 가량 말리는데, 꾸덕꾸덕한 정도일 때는 그냥 적당한 크기로 잘라 찜통에 쪄내서 먹는다. 많이 말라 단단해지면 먹기 좋게 물에 불려서 쓴다. 고춧가루와 간장, 참기름이 양념으로 들어간다. 짭짤한 양념 맛에 쫄깃함이 일품이다. 마른 물메기 요리 가운데 손이 제법 많이 가지만, 그 덕분에 잔칫상에 오르는 영광을 누린다.

최성순(50) 씨는 "바짝 말린 놈하고 꾸덕꾸덕 말린 놈은 그 맛이 다르다. 추도 사람들은 하루 이틀만 말려 아직 생고기 느낌이 나는 신선하고 부드러운 맛을 더 좋아한다. 반면 통영 시내 사람들은 좀 더 말린 물메기를 선호한다. 자고로 물메기는 혼자보다는 여럿이 함께 뜯어 먹어야 제 맛이다"라고 설명했다. 생 물메기는 주로 국으로 끓여 먹는다. 원재료가 신선한 덕분에 무 숭숭 썰어 넣고, 끓여 내면 요리 끝이다. 요즘에는 기호에 맞춰 바다 채소인 몰이나 신선함을 높이는 파를 썰어 넣기도 하고, 고추와 마늘을 찧어 넣은 양념장을 첨가하기도 한다. 이렇게 끓여 낸 물메기탕은 술 마신 다음날 해장국으로 최고다. 뜨끈한 국물에 오히려 시원하다는 탄성이 저절로 나온다.

물메기는 조선시대 정약전의 저서 <자산어보>에 '해점어海鮎魚'로 등장한다.

점어(鮎魚)는 메기이다. 우리말로 풀면 '바다메기'다. 큰 놈은 길이가 두자를 넘고 머리가 크고 꼬리가 뾰족하다. 눈은 작고, 배는 누렇고 수염이 없다. 고깃살은 매우 연하다. 뼈도 무르다. 맛은 싱겁고 곧잘 술병(酒病)을 고친다.

<자산어보>에서 '술병을 고친다'고 칭찬한 물메기를 해장에 좋다는 추도 우물물로 씻었으니, 추도 물메기로 끓인 물메기탕은 최고의 해장국이자 명약임에 틀림없다.

물메기 회무침도 맛있다. 생 물메기는 뭉텅뭉텅 포를 떠서 초고추장에 무쳐 낸다. 물메기는 속살이 깊어서 포 한 점에도 살이 제법 많다. 식성에 따라 무나 배를 채 썰어 넣는다. 붉은 색은 그 자체가 사람들의 식욕을 돋운다고 한다. 뻘겋게 초고추장에 버물려진 물메기 회무침은 물컹한 느낌이 싫다며 고개를 내젓던 이조차 다시 먹고 싶게 만드는 치명적인 유혹이다.

쓸모 없을 것 같은 내장과 아가미를 따로 모아 만든 내장 젓갈이나 아가미 젓갈은 손님상에조차 안 내는 귀한 별미다. 물메기를 쓸 곳이 없어 바다에 버리던 시절에도 내장 젓갈만큼은 밥상 위에 올릴 정도로 대접을 받았다. 물메기는 한군데도 버릴 것이 없는 고마운 겨울 양식이다.

대구와 물메기, 유사한 과거 다른 미래

사실 물메기는 통영에서조차 하품 내지는 못 먹는 생선 취급을 받았다. 겨울 진객, 즉 진짜 손님 '대구'가 있었기 때문이다. 대구 大口 는 이름 그대로 입도 크고 몸도 크다. 기다란 몸매에 큰 몸집은 그 위용 자체만 해도 대구의 품격을 여실히 말해 준다. 게다가 몸통과 함께 큰 머리까지 들어간 대구탕은 숙취나 과로로 지친 속을 시원하게 풀어준다. 대구알은 조선시대 궁중 일상식에도 포함될 정도로 높은 가치를 인정받았다. 이 때문에 통영에는 조선시대 황실 소유 대구 어장이 있었다. 일제 강점기에 폐망한 조선 황실의 대구 어장을 헐값에 넘겨받은 일본인들이 크게 성공한 일화는 유명하다.

통영 출신 소설가 박경리의 <김약국의 딸들>에도 대구 어장이 소재로 나온다. 김약국이 사위로 삼을 만큼 신뢰한 서기두를 통해 경영한 어업이 바로 대구 어장. 서기두가 살다시피 한 지도 종이섬 대구 어장 주변이 바로 황실 어장이 있던 진해만 창원시 진동면과 그 주변 통영, 거제 바다 이다.

대구는 일제 강점기는 물론 1960~70년대까지 통영, 거제에서 최고 인기 어종이었다. 통영에선 담장에 걸린 대구의 수를 부의 척도로 삼을 정도였다. 하지만 인간의 욕심은 대구의 몰락을 불렀다. 남획으로 대구의 씨가 마른 것이다.

통영 사람들은 대구와 물메기의 선호도에 대한 세대 차이가 극명하다. 60~80대는 대구를 술안주와 해장용으로 먹었지만, 30~50대는 물메기를 먹고 자랐기 때문이다. 이런 사정은 물메기의 섬, 추도에서도 마찬가지다. 1970년대까지만 해도 물메기가 통발에 잡히면 그대로 물속으로 던져 버리거나, 밭의 거름으로 아무렇게나 던져뒀다. 물메기를 잡아도, 주 소비지인 통영에서 먹는 사람이 없으니 가치를 인정받지 못했다. 줘도 안 먹는 값싼 생선 취급이었다. 물메기의 다른 별명인 '물텀벙'과도 일맥상통하는 이야기이다. 남해, 여수 등지에서도 쓰임새가 없어 어부들이 잡히는 대로 물에 던지자 '텀벙' 소리가 나서, 물텀벙이라고 불렀다고 한다.

그런 취급을 받던 물메기가 오늘날에는 귀하신 몸이 됐다. 추도 물메기는 열 마리 한 축이 20만 원을 호가하기도 한다. 추도 사람들은 "20~30년 전부터 통영 상인들로부터 물메기 주문이 들어와 물메기잡이 통발을 시작하게 됐다. 그때만 해도 물메기가 흔하던 시절이라, 가격은 상인들이 주는 대로 받았다. 지금은 한해 물메기의 생산량, 즉 많이 나고 덜 나는 상황에 따라 산지인 추도 위주로 물메기 가격이 형성된다. 상품 한 축은 20만 원을 곧잘 받는다"고 말한다.

요즘에는 조상님 모시는 제사상에도 오른다. 지금은 돌아가신 박종열 할아버지의 설명에 의하면 "추도 사람들 먹고 사는 일이 모두 물메기에 달렸다. 소중한 걸 조상님의 제사상에 올리는 게 예의범절 아닌가. 물메기가 겉모양은 허물허물해도 속 뼈는 단단하니, 제사상에 오를 품격도 갖췄지 않느냐"라고 한다. 물텀벙에서 조상님 모시는 제사상에 오르는 귀하신 몸으로. 추도 물메기의 달라진 위상이다.

이렇게 물메기를 선호하게 되며 통영 사람들은 물메기로 만든 음식을 많이 먹었다. 그중 물메기알을 재료로 한 된장국이 인기였는데, 톡톡 터지면서도 오래 씹을수록 고소한 맛이 나는 물메기알 된장국은 또 다른 별미였다. 하지만 언제부터인가 통영 전통시장에서 물메기알이 자취를 감췄다. 전통시장에서 사라진 물메기알은 사실 추도의 미래를 짊어지고 있다. 물메기가 추도 인근 바다로 몰려오는 이유가 제2세대를 낳는 산란을 하기 위해서다. 그동안 사람들은 바위틈이나 해초, 어장에 붙은 물메기알을 요리 재료로 먹어버렸다. 이 때문에 흔한 생선이던 물메기가 귀해지는 현상이 빚어졌다. 물메기 가격은 상품이 아니더라도 한 축이 10만 원을 훌쩍 넘을 정도가 됐다. 마치 과거 겨울철 귀한 손님, 대구가 사라진 모습과 흡사하다.

하지만 물메기는 대구와 다른 운명을 맞을 것으로 기대된다. 어부들과 연구기관이 손을 맞잡고 방류사업을 펼치고 있기 때문이다. 경상남도수산자원연구소는 수산 자원을 증강하고 연안 어업인들의 소득을 향상시키기 위해 2010년부터 매년 어린 물메기를 방류하고 있다. 추도를 비롯한 인근 어부들이 모아준 물메기알을 연구소의 실내 수조에서 부화시켜 추도 인근 바다에 방류하는 것이다. 2010년도 4430만 마리를 시작으로, 2011년도 9500만 마리, 2012년 6930만 마리의 어린 물메기가 더 넓은 바다를 향해 나아갔다.

대구나 연어가 태어난 곳으로 돌아오는 데 최소 3~4년이 걸리는 데 반해, 물메기는 부화 후 1년이면 태어난 곳으로 돌아온다. 1년이면 수컷은 체장 40센티미터, 암컷은 32센티미터 정도로 자라, 상품성도 높다.

이국세 경상남도수산자원연구소 담당관은 "이미 남획으로 사라졌다가 자원 방류로 되살아난 대구에서 교훈을 얻었다. 물메기알을 그대로 방류하는 방법보다는 연구소 실내 수조에서 부화시켜 어린 물고기로 방류하면 생존율이 훨씬 높아진다. 방류 후 1년이면 태어난 곳으로 돌아오기 때문에 성과도 좋은 편이다. 물메기 방류로 남해안에 물메기 자원도 많아지고, 어민들의 소득도 높이지기 때문에 일거양득이다"라고 말했다. 물메기 방류에서 물메기의 섬 추도의 밝은 미래를 본다.

섬 부엌에서 만난 사람들
욕지도, 추도 편

'섬문화축제'의 현장. 고등어를 잡는 아이들의
웃음소리가 끊이질 않는다.

김임욱 욕지노인회장은 욕지도의 역사를
속속들이 알고 있다.

고등어 가르는 모습을 설명하는 할머니.

추도 마을 주민이 물메기를 일일히 못으로 고정하고 있다.

Part 3

여성이
일궈낸
섬

한 집안의 가장이라고 하면 아버지, 즉 남성을 떠올린다. 여성이 집안일을 하고 자식을 키운다면, 남성은 바깥일을 하며 돈을 벌어와 가족을 먹여 살리는 것이 전통적인 남녀의 역할이다. 하지만 섬에서 남녀의 역할은 많이 다르다. 주로 어업에 종사한 남자들은 배를 타며 큰돈을 만졌지만, 그만큼 위험도 컸다. 거센 파도에 맞서며 무거운 그물을 끌어올리는 험한 뱃일을 위해선 남자의 체력과 힘이 필요했다. 먼바다에 나간 사람들은 바다가 통째로 배를 삼켜 영영 돌아오지 못하는 일이 많았다. 홀로 남은 여성은 그때부터 가장이 되어 남은 자식과 시부모를 모셔야 했고, 결국 생계를 위해 제 남편을 집어삼킨 매정한 바다로 들어갔다. 이것이 섬에 사는 여성의 삶이다. 그 대표적인 사례가 해녀가 아닐까?

해녀라면 흔히 제주 바다를 연상한다. 그런데 통영 바다에서 제주도 출신 해녀들을 찾기란 어렵지 않다. 통영의 섬에는 천 명이 넘는 해녀들이 찾아왔다. 매물도, 비진도, 용초도, 죽도에는 200~300명에 이르는 제주 해녀들이 원정 물질을 하러 왔다. 제주 해녀들은 왜 그 먼 뱃길을 건너 왔을까?

"제주도 일출봉 성산포 앞에 신양리라고 있십니다. 거기서 해녀들을 모집해서 통영 매물도꺼정 왔지요. 좋은 날을 만나면 하룻밤, 하룻낮이 걸리요. 바람이라도 불고 파도라도 일어나는 날에는 사나흘씩 걸리기도 했소. 멀미도 마이 했지."

　제주도에서 통영까지 오는 길은 험했다. 통영에 도착하기도 전에 바다에 빠져 비명횡사하는 일도 있었다. 그럼에도 그들은 배를 탈 수밖에 없었다. 남자들이 목숨을 걸고 배를 탔듯이, 여자들 역시 위험을 무릅쓰고 바다를 건넜고, 낯선 바다에서 물질에 나섰다.

　통영의 바다와 제주의 바다가 다르고, 통영의 문화와 제주의 문화가 다르다. 하지만 통영의 섬 곳곳에는 그 어느 곳보다 제주 해녀의 문화가 진하게 녹아 있다. 제주 해녀의 강한 생명력이 통영 섬의 문화까지 바꾸었기 때문이다.

매물도

•

제주해녀의삶 문화로녹아든

통영 사람들은 뭍과 가까운 해안을 갱문이라고 부르고, 가까운 바다나 먼 바다를 모두 바다라고 말한다. 하지만 매물도 사람들은 바다를 '바당'이라고 부른다. 바당은 바다를 이르는 제주도 사투리다. 멀고 먼 제주도에서 바다 건너 매물도로 원정 온 해녀들의 영향으로 매물도에서는 바당을 일상 용어로 사용한다. 매물도 앞바다 거친 파도와 숱한 물 밑 바위는 해산물을 풍성하게 품은 황금어장이다. 제주 해녀들은 봄부터 가을까지 매물도 앞바다에서 전복과 성게, 미역, 우뭇가사리 같은 돈 되는 해산물을 채취해 고향인 제주에서보다 두세 배가 넘는 돈벌이를 했다. 한 해, 두 해 매물도를 찾은 해녀들은 아예 정착하기도 했다.

제주 해녀들이 생산한 해산물은 매물도 경제에 큰 도움이 됐다. 경제력이 커진 만큼 제주 해녀들의 입에서 나온 바당이 매물도에선 바다를 일컫는 공통어가 된 것이다. 제주 해녀들을 인솔해온 노계춘(84) 할머니의 설명을 들어보자.

"우리 제주 사람들은 바다를 바당이라고 부릅니다. 해마다 제주 해녀들이 매물도에 와서 해산물 채취 작업을 하다 보니, 매물도 토박이들도 어느새 바당이라 부릅디다. 제주 바당이라고 왜 전복이며 성게가 없겠어요. 지금이야 제주도가 세계적인 관광지가 됐지만 1950~70년대까지만 해도 육지 사람들이 제주도에 오지를 않았어요. 전복이며 성게를 아무리 채취해도 사 먹을 사람이 없었지. 매물도는 달라요. 전복이며 성게, 미역, 천초^{우뭇가사리} 겉은 해산물이 풍성한데다 마산이며 통영 상인들이 서로 사가려고 경쟁하는 거라. 덕분에 같은 품질이라도 제주도와 매물도의 전복 가격이 천지차이라. 매물도 바당이 참으로 귀한 바당이지요."

　귀한 해산물을 품은 매물도 바당에는 저마다 이름이 있다. 바당에서 생산되는 해산물이 차지하는 경제적 비중이 높아지자, 이를 생산하는 문전옥답 매물도 바당 역시 구분할 필요성이 생긴 것이다.

　매물도 바당은 크게 둘로 나뉜다. 대마도가 보이는 '동섬치'를 두고 시계 방향, 즉 오른쪽 바당은 대항마을에, 반시계 방향인 왼쪽 바당은 당금마을에 귀속된다. 지금은 폐교가 된 학교가 있던 곳이 당금마을이다. 대항마을 바당은 동섬치, 딩미자갈, 샛바람강정, 왼돌이강정, 누운강정, 자진이연등, 메가리강정, 밭딩이강정, 도우강정, 비오는강정, 촛대바우, 이연등, 나무강정, 작은골, 복수연등이다. 당금마을 바당은 동섬치, 작은여개, 문바우치, 할매연등, 벼락바우, 소등허리, 물고랑, 외학개, 썩돌뱅이, 밭등강정, 난치, 뱅풍^{屛風} 바우, 베틀여다. 바당의 이름은 주로 갯바위의 모양이나 형태, 위치를 두고 지은 경우가 많다. 누운강정, 소등허리, 촛대바우, 뱅풍바우, 베틀여가 그 대표적인 사례다. 누운강정이나 소등허리는 기다란 바위가 연상된다. 촛대바우나 문바우치, 뱅풍바우, 베틀여 역시 그 이름만 들어도 형태를 짐작하기 쉽다. 동풍을 뜻하는 샛바람이 이름에 붙은 샛바람강정은 매물도에서도 특히 동풍이 많이 부는 자리다. 자진이연등에는 유독 자진이영감이 생선을 많이 잡았다 하여 이름 붙었다.

대항과 당금마을은 매년 1회 마을총회인 대동회를 열어, 14~16개에 이르는 바당 추첨을 한다. 마을 공동어장인 바당을 마을 주민들이 균등하게 이용하기 위해 제비뽑기로 구역을 나누는 것이다. 보통 갯바위나 해안선의 바위 지대가 길게 뻗어나간 치, 움푹 들어간 강정을 기준으로 한 개 구역으로 나눈다. 미역 생산량이 높은 이연등 같은 경우에는 세 개 구역으로 나누기도 한다. 바로 옆 바당이라도 미역의 생산량이 천차만별이니, 제비뽑기를 할 때는 늘 긴장감이 감돈다. 기쁜 마음이 어디 숨겨질까? 미역 생산이 많이 되는 바당을 뽑은 이는 환호를 지른다. 그렇지 못한 이는 한숨을 내쉬기 마련이다.

바당 하나에 울고 웃는 매물도 사람들의 삶. 바당, 즉 제주의 문화는 언제부터 매물도 깊숙이 녹아든 것일까?

먹을 밥도, 초가지붕 엮을 볏짚도 없이 가난했던 매물도

매물도의 두 마을, 대항과 당금은 오렌지색 지붕이 푸른 바다와 대조를 이루는 경관이 아주 인상적이다. 1970년대 새마을운동이 시작되면서 섬마을 매물도에도 슬레이트 지붕이 보급됐다. 새마을운동의 속도처럼 매물도의 풍경은 가난의 상징 초가지붕에서 근대와 부의 상징인 슬레이트 지붕으로 순식간에 달라졌다. 그뿐이랴. 실제로 매물도는 경제적으로도 여유로워졌다. 섬에도 집 한 채, 뭍인 통영 시내에도 집 한 채를 마련해 둘 정도이다. 하지만 이건 불과 반세기 전만 해도 상상도 못할 풍경이었다.

매물도는 욕지도와 마찬가지로 조선시대 공도 정책의 굴레에 얽매였던 섬이다. 조선시대 전성기에는 왜적과 내통한다는 혐의로 아예 사람들이 살지 못했고, 통치력이 허술해진 조선 말기에야 비로소 고성, 사천 사람들이 이주했다. 정든 고향 산 천을 등지고 험한 창파를 건넌 이유는 무엇이었을까? 육지에 서 죽기 살기로 농사를 지어도 지주에게 착취를 당해 헐벗고 굶주림에 시달리는 고달픈 인생을 살아야 했기 때문이었다. 하 지만 그렇게 이주한 매물도 역시 보물섬은 아니었다. 첫 이주 민들의 고단했던 삶을 <한산면지>에서 기록하고 있다.

첫 이주민은 1810년대 고성에서 이주, 꼬돌개라는 곳에 논밭을 일구 어 정착했다. 하지만 1825, 26년 을유년과 병술년 두해에 걸쳐 밀어닥 친 흉년과 괴질로 모두 쓰러져 한 사람도 살아남지 못했다. 그래서 한 사람의 생존자도 없이 한꺼번에 꼬돌아졌다고 해서 비운의 첫 이주민 정착지였던 곳을 지금도 '꼬돌개'라고 부른다.
2차 이주민은 1869년과 1873년 고성, 사천 등지에서 거제도를 거쳐 작 은 꼬돌개에 정착한다. 수확한 미역, 김 같은 해조류와 말린 생선을 거 제나 고성으로 가져가 일용품으로 교환해 생활했다.
흉년이 들어 농사를 망친 해에는 식구들을 데리고 고향을 찾아가 겨 울을 나고, 봄에 다시 농사를 지었다.

1950~60년대까지도 매물도 주민들의 삶은 녹록하지 않았

다. 무엇보다 매물도는 섬에서 가장 중요한 물, 식수원이 귀했다. 손바닥만 한 꼬돌개 지역 이외에는 아예 논농사를 지을 수가 없었다. 대부분 험한 야산을 개간해 농토를 넓혀가면서 고구마와 보리, 옥수수 같은 곡식을 마련했다. 더러 삼밭을 가꾸기도 했다. 17살에 거제 대포에서 매물도로 시집온 이상연(82) 할머니의 증언이다.

"가을부터 겨울까지는 순전히 고구마로 연명을 했지. 가을이면 수확한 빼떼기 가마니를 나락 가마 쌓듯 광 안에 쌓아 올려 놓는데, 맨날 밥 묵듯이 빼떼기죽을 묵으니까 그 많던 고구마도 봄이 되기도 전에 다 묵는 거라. 봄이 되면 납닥밀하고 꽁보리하고 섞어서 묵고. 여름이 되면 강냉이밥을 해묵었지. 참말로 배가 고팠지, 배가. 거제 대포만 해도 나락 농사를 지어서 쌀을 먹었는데, 쌀이라곤 볼 수가 없어. 제사 때 어른들 드리고 나면 우리들한테는 돌아올 것도 없어. 그때만 해도 삼베옷을 해 입었어. 삼이 얼마나 울창한지, 삼이 크면 우리 키보다 크데. 삼밭에 들어가면 앞이 안보여. 동서는 베를 짰어. 섬이라도 참 길쌈이 세더라꼬. 한 여름이면 땀은 또 얼마나 흘리던지, 밤이면 옷을 빨아서 풀을 맥이고 아침이면 꽁보리 절구에 찧어 놓고 밭일하러 나가는 고단한 하루가 되풀이되는 일이라."

논농사를 지을 수 없어서 생기는 문제는 이 뿐만이 아니었다. 이때는 대부분의 집이 초가지붕을 얹고 있었다. 질 좋은 볏짚으로 새끼를 꼬고 이엉을 엮어 생토 위에 깔아야 했다. 하지만 논농사가 없으니 볏짚이 있을 리가 만무했다. 섬사람들은 노를 저어, 거제 여기저기로 볏짚을 구하러 다녔다. 거제 사람들 역시 자신들 초가지붕부터 엮어야 하고 소에게 여물로 볏짚을 먹여야 하니 볏짚이 남아돌지 않았다. 이때 거제에서 시집온 며느리가 있는 집은 한결 수월했다.

"겨울이 오기 전에 초가지붕 이엉을 새로 올려야 하잖아. 볏짚을 못 구해 매물도 온 마을이 발을 동동 굴렀지. 주로 가까운 거제로 볏짚을 구하러 가. 근데 매물도 사람들 사정을 뻔히 알기 때문에 튕기고, 값을 높게 매겨서 팔기 일쑤라. 그래도 어쩌겠노. 돈을 치르고라도 이엉을 가져와야지. 그럴 때 친정 집이 거제도에서 한 마지 논농사라도 짓는 며느리는 아무래도 볏짚 구하기가 쉽거든. 저그 집 딸이 누울 집 지붕 올릴 끼라는데, 어느 부모가 안 내놓겠노. 볏짚 구하는 날이 모처럼 매물도 시집에 인심도 쓰고, 친정 나들이도 하는 날이었지. 고된 시집살이 끝에 며느리가 위세 부리는 날이라고 할꺼나."

낯선 바다에 몸을 맡기며 부른 제주 해녀 노래

매물도의 삶은 윤택하지 않았지만, 제주 해녀가 매물도에 온 시점부터 섬의 삶은 크게 바뀌었다. 바로 지척에 두고도 거센 물살과 깊은 수심으로 채취할 엄두를 못 내던 해산물을 해녀들이 대량 채취하면서 마을이 호황을 누리기 시작한 것이다.

이 시기는 제주4·3사건, 6·25전쟁을 거치면서 피폐해진 가족들의 생계를 위해 제주 해녀들이 경상도, 전라도, 강원도 등지로 원정을 떠난 시점과 맞물린다. 이 두 사건으로 인해 집안의 기둥 역할을 하는 남자들의 잇따른 죽음과 남겨진 가족들에게 씌어진 빨갱이라는 굴레가 해녀들로 하여금 더욱더 제주를 떠나게 했다. 제주 해녀가 들어온 이후 매물도의 풍경을 <한산면지>에서 살펴 보자.

1925년경 해녀들이 하나, 둘 들어오게 되고, 1930년에는 제주도 본토민인 고운식, 오백룡 등이 본격적으로 해녀들을 인솔, 당금에서 직접 해녀선을 운영하면서 여지껏 손도 대지 못했던 무진장한 해산물을 대량 생산해 내게 되었고, 생산물은 마을과 해녀가 각각 반분했다. 이곳 매물도와 가왕도 일대의 미역은 세차게 굽이치는 파도의 영향으로 그 질이 좋기로 이름나 충무, 마산 등지에서 상인들이 몰려와 날개 돋친 듯 팔려 나갔다. 특히 1960년대와 70년대에는 미역 생산으로 마을이 호황을 누렸고 미역 값이 좋아 미역 두 단(한 단은 30나무)이면 쌀 한 가마와 맞먹었다. 섬이 생긴 이래 마을의 경제 사정이 제일 좋았던 것이다. 그래서 당시에는 70여 가구까지 불어나 마을이 흥청거렸던 것이다.

해녀선 사업은 매물도 사람들은 물론 제주 해녀들에게도 돈 모을 기회를 제공했다. 봄부터 가을까지 6개월 남짓 매물도에서 물질을 하면 제주도에서보다 두세 배가 넘는 돈을 모을 수가 있었다. 당시 매물도 해녀선 선주들은 해녀들의 숙소와 부식까지 책임졌다. 물질 기술만 있으면 맨몸으로 와서, 추석에는 목돈을 받아 금의환향할 수 있었다.

매물도 선주와 제주 해녀를 연결한 이가 해녀 인솔자다. 제주도 출신의 인솔자들은 10~30여 명의 해녀들을 인솔해서 선주들에게 소개했다. 매물도가 가장 호황을 누린 1960~70년대 제주 해녀를 인솔해온 사람이 노계춘 할머니다. 당시 해녀선을 운영하던 이가 김사문, 김용근 씨. 노계춘 할머니는 "김사문 씨 같은 경우에는 계산도 잘 대주고, 해녀 대우도 좋아서 제주 해녀들이 돈도 많이 벌고 칭찬도 많이 했다"고 기억했다.

　　1960년대 사공이 직접 노를 저어 3~5명을 태우던 해녀선은 1970년대로 들어서면서 7~8명이 한꺼번에 탈 수 있는 동력선으로 발달한다. 배의 속도도 빨라지고, 해녀들도 많이 탈 수 있으니 자연스레 생산력이 높아졌다. 물질 기술 좋은 제주 해녀들이 값나가는 전복, 성게며 미역, 우뭇가사리를 연신 수확해내니, 매물도 경제가 나날이 호황을 누리던 시절이었다.

　　"제주 해녀를 인솔해서 강원도 속초며 구룡포, 통영 연애섬 ^{연화도}을 다녔지요. 그런데 영 돈벌이가 안 되는 거라. 매물도 김용근 씨가 소문을 듣고 제주도로 전보를 친 거라. 그게 매물도하고 첫 인연이라. 봄철이면 제주서 해녀를 인수해서 매물도로 데려오고 추석이면 계산을 대서 제주도 부모 품으로 보내 줬지요. 일출봉 성산포 앞에 신양리라고 있십니다.

거기서 해녀들을 모집해서 매물도꺼정 왔지요. 우리 앞 대는 풍선 ^{돛단배} 을 탔다지만, 우린 발동선을 대절해서 왔어요. 제주에서 부산 가는 여객선이 있었지만 10명이 넘는 해녀들이 먹을 식량이며 장비까지 합치면 너무 성가신 거라. 큰 비용을 들여도, 제주에서 통영까지 곧바로 오니까 많이 편했지요. 제주에서 좋은 날을 만나면 발동선으로 하룻밤, 하룻낮이 걸리요. 멀미도 마이 했지. 바람이라도 불고, 파도라도 일어나는 날에는 사나흘씩 걸리기도 했고. 통영 시내로 들어갔다가 바람이 잦아지면 매물도로 다시 오기도 했소. 그리 고생허면서도 매물도꺼정 온 거는 돈이 되기 때문 아니겠소. 같은 물질을 해도 제주의 두세 배는 족히 되니, 추석 앞두고 제주도 돌아갈 적에는 목돈을 제법 만졌지요. 돈 버는 재미에 매년 매물도를 왕래했지. 어느새 정이 들어 매물도에 정착하는 해녀들도 늘어났지."

돈벌이가 제아무리 좋다지만 해녀들의 일상은 고됐다. 음력 2~3월이라도 바다는 차기 마련. 더욱이 새벽 바다는 살을 에는 얼음장이었다. 초기 해녀들은 속옷적삼에 어깨띠로 중요 부위만 겨우 가린 채 물 속으로 뛰어들어야 했다. 몸이 얼어붙기 전에 부지런히 움직여 전복이며 성게 등 해산물을 캐냈다. 늦은 점심을 먹고 나면 그날 채취한 해산물을 다듬어야 했다. 성게는 껍질을 두 조각을 나눠, 노란 성게알만을 분리해서 모았다. 미역이며 우뭇가사리는 햇볕에 말리기 위해 널었다. 저녁밥이며 설거지는커녕 물질로 고단한 몸을 눕히고 싶다는 생각만이 간절했다.

여자가 귀한 매물도에서 생산력 있고 혼기에 든 제주 해녀들은 최고의 혼인 상대로 인기를 독차지했지만, 해녀들의 마음은 허전했다. 낯선 땅에서 어머니와 고향 생각에 눈물짓는 날이 더 많았다. 차디찬 바닷물에 몸을 맡기기 전, 그리고 얼음장 같은 물에서 겨우 나와 덜덜 떨면서 불렀다는 '제주 해녀 노래'가 그네들의 삶과 심정을 절절이 대변한다.

뱃물질 가는 해녀들

이여싸나 이여도싸나
혼백상지 등에다지곡
가심앞이 두렁박차곡
혼손에 빗창을줴곡
혼손에 호미를줴곡
흔질두질 수지픈물속
허위적허위적 들어간다

매물도를 담은 성게알 미역국

섬에 들어가는 길엔 항상 허기가 진다. 일상과 사람에 지쳐 힘
들 때 섬을 찾기 때문이다. 섬으로 가면 잊고 있었던 자유며 여
유를 되찾을 수 있다. 마음의 허기를 채우기 위해 매물도를 찾
는다. 섬에 도착해 매물도 최정상 장군봉에 올라 확 트인 풍경
을 바라보면 텅 빈 곳이 채워지는 기분이다. 그렇게 마음의 허
기를 채우고 나면, 다음은 배가 고프다. 허겁지겁 장군봉에서
내려와 민박집에 가 성게알 미역국을 먹는다. 미역국의 개운하
고 시원한 맛, 여기에 성게알이 들어 있으니 몸에도 좋을 것이

란 믿음까지 생긴다. 그런데 미역국을 먹다 보니 의문이 든다. 성게알 미역국은 통영식 미역국이 아니다. 서울에서 소고기 미역국을 끓여 먹듯이, 통영 사람들은 도다리며 낭태 같은 생선을 넣은 생선 미역국을 즐긴다. 그런데 매물도 미역국엔 성게알이 주인공이다.

왜 매물도에서 성게알 미역국을 먹게 됐을까? 제주 해녀들은 고향 제주도가, 어머니가 그리울 때면 성게알 미역국을 끓여 먹었다. 지금이야 귀하지만 처음 매물도 올 때만 해도 성게가 무척이나 많았다. 해녀선 작업할 때는 물론이고 선창가에만 나가도 성게가 엄청 붙어 있었다. 미역 역시 마찬가지. 봄부터 여름까지 매물도 바닷가부터 언덕배기까지 미역을 말리는 미역발로 발 디딜 틈이 없을 정도로 흔했다.

"제주도에선 성게알을 넣고 끓인 미역국을 별미로 여겨 손님께 대접하곤 했지요. 고향 제주, 어망^{어머니} 생각이 날 때면 성게알 미역국이 묵고 싶어. 처음 매물도 왔을 때만 혀도 성게알을 일본에 수출 안 했어요. 값도 싸고 흔하니깐 성게알 미역국 마이 묵었지요. 참기름 한 방울 똑 떠라모 얼매나 꼬시다고요. 참기름만 한 방울 떠라나? 묵다가 어망 생각, 고향 생각나서 눈물 많이 떨갔지요. 몸살이 올라꼬 어슬어슬하다가도 성게알 미역국 한 그릇 묵고 나모, 기운이 솟아났소. 성게알을 일본 수출하면서부텀 금값이 돼서 못 묵었소. 돈 벌려고 제주서 매물도꺼정 왔으니깐, 그 비싼 걸 묵을 수가 웂잖아요. 그래도 귀한 손님헌테는 성게알 미역국을 일품요리로 내놨소."

이 성게알 미역국을 끓이는 중심 재료 미역과 성게. 매물도 사람들은 이 두 재료에 대한 자랑이 대단하다. 특히 돌미역에 대한 자부심은 말할 것도 없다.

"매물도 돌미역하고 일반 미역하고는 끓여 보면 압니다. 일반 미역은 확 풀어져 버리죠. 매물도 돌미역은 끓이면 끓일수록 토실토실해지면서 부드러워집니다."

매물도와 어유도, 가왕도 일대의 바다는 그야말로 '수중 밀림'으로 매물도 앞바다의 덕 ^{수중암초지대} 은 미역이 자라기에 좋은 보금자리다. 게다가 세찬 물살과 거친 파도는 매물도 미역을 더 부드럽게 만들었다. 삼단 같이 새까만 미역이 자랄 때면 매물도 바다는 물 밑이 제대로 보이지 않을 정도로 울창한 밀림이 된다. 덕분에 여느 자연산 미역보다 값을 1.5배 더 쳐준다. 미역은 어른이 양팔을 벌린 넓이만큼을 '나무'란 기본 단위로 부르는데, 30나무가 한 단이다. 최상품 미역 한 단의 가격은 8~10만 원 선. 제법 비싼데도, 마산이며 통영 상인들은 지금도 매물도 미역을 못 구해 아우성을 친다.

매물도 미역은 특히 아이를 낳은 산모의 몸조리나 환자의

영양식으로 인기 만점이다. 칼슘과 칼륨이 풍부해 피를 맑게 하고 뼈를 튼튼하게 해주는 효능은 당연하다. 무엇보다 끓일 수록 부드러워지기 때문에 많은 양을 끓여 여러 번 데워 먹는 산모나 환자들에게 적합하다.

　　매물도 미역이라고 해서 같은 대접을 받은 게 아니다. 생산 되는 시기별로 초각, 중각, 망각으로 나뉜다. 설을 쇤 후 음력 2~3월에 생산되는 초각은 부드럽기로는 최고다. 매물도 사람 들은 귀한 손님이나 대접할 분께 미역을 드릴 때 자신의 초각 미역을 내놓고, 이웃의 미역을 소개할 때면 꼭 초각이냐고 물 어보고 권한다. 4~5월에 생산되는 중각은 토실토실 살이 오르고 여물다. 생산량이나 품질이 일정해서 가장 많이 판매되는 미역이다. 6월 보름이 지난 망각은 두껍고 노란 빛이 돌아 채취를 하지 않는다.

예전에는 긴 장대에 쇠 작대기나 나무 막대기를 X자형으로 꽂아 미역숲 속에 집어넣어 빙빙 돌려서 힘껏 잡아채 캐 올렸다. 그러면 울퉁불퉁 튀어나온 미역귀가 떨어지지 않은 채 건져 올릴 수 있어, 상품 가치가 더 높았기 때문이다. 요즘에는 가까운 갯바위를 중심으로 미역을 안아 긴 낫이나 일반 낫으로 잘라낸다. 미역은 발에다 가지런히 널어 햇볕에 말리는데, 날씨가 좋은 날에는 이틀, 흐린 날에는 사흘 정도면 먹기 좋게 마른다. 장마가 들거나 흐린 날이 사흘 이상 이어지면 초각이나 중각이라도 미역이 노랗게 변한다. 비를 맞아도 마찬가지다. 그래서 매물도 사람들은 미역을 캘 때부터 말릴 때까지 어린애 어르듯 소중히 다룬다.

매물도에서 생산하는 성게는 미역 못지않게 그 질이 높다. 매물도에서 생산되는 성게는 크게 두 종류, 말똥성게와 보라성게다. 제주 해녀들은 각각 '소미', '밤생이'라고 부른다. 작은 말똥성게 소미는 정월이면 매물도 바다에 비치기 시작하고, 보라성게 밤생이는 음력 3월 그믐부터 6월 보름까지 알이 꽉 찬다. 반면 여름이 지나면 속이 텅텅 비어 먹을 게 없다. 성게

알에는 단백질과 비타민, 철분이 많아 빈혈 환자나 병을 앓은 후 회복기의 환자에게 특히 좋다. 또한 인삼과 같이 사포닌 성분이 들어있어 결핵이나 가래를 제거하는 효능도 있는 것으로 알려져 있다. 매물도에서 생산한 성게는 통영 시내 성남수산에서 알만을 가공하여 자그마한 나무상자 속에 금덩어리처럼 귀하게 포장해 일본으로 수출한다. 일본에서 성게알은 참치, 연어와 함께 최고의 초밥 재료로 손꼽힌다고 하니 금덩어리처럼 포장한다는 말이 과하지 않다.

매물도는 2007년 문화관광부의 '가고 싶은 섬' 사업에 선정됐다. 섬 문화자원의 고유 가치를 살려 새로운 문화 관광의 모델을 만든다는 목표 아래 100억 원이란 막대한 예산이 투입됐다. 그런 가운데 매물도 민박집에서 내놓을 식단인 '어부밥상'도 개발됐다. 어부밥상에는 어부회덮밥, 문어해초냉채, 군수잡채덮밥, 참소라물회소면, 문어톳나물밥 등이 포함됐다. 대한민국 최고의 기획사와 요리전문가 집단이 개발한 식단이다. 매물도에서 먹던 전통 음식에, 신세대식 요리법이 더해진 이른바 퓨전 음식이다. 하지만 정작 매물도 어머니들은 어부밥상을 요리할 줄 모른다. 70~80대 고령인 어머니들에게 새로운 요리 방법이나 식재료는 여전히 낯설다.

앞서 언론의 집중 조명을 받다 문을 닫은 '이순신밥상'의

전철을 밟는 것 같다. 아이디어는 멋져 보였다. 구국의 영웅 이순신 장군이 백성을 아끼는 마음을 음식으로 체험할 수 있도록 관광 상품화하다니! <난중일기>의 여러 음식과 이씨종가 음식 등을 토대로 철저한 고증 끝에 이순신밥상, 통제사밥상, 장국밥, 통영골동반(비빔밥)을 선보였다. 하지만 이순신밥상 1호점 '통선재'는 일 년도 채우질 못하고 문을 닫았다. 400년 전 음식과 현대인의 입맛이 달라도 너무 달랐던 것이다.

무엇보다 어부밥상이나 이순신밥상 모두 음식을 직접 만들고 먹는 현지인들은 고려하지 않고, 외지 관광객을 향해 눈을 맞춘 게 탈이었다. 그럴싸해 보이는 어부밥상이나 이순신밥상을 물리고, 매물도의 귀한 재료를 넣어 끓인 성게알 미역국 한 그릇 뜨끈하게 대접하는 게 어떨까.

섬 부엌에서 만난 사람들
매물도 편

물 속에 들어가는 일이 고단할 터인데 웃음을 잃지 않는 제주 해녀.

하나하나 일일이 까낸 성게알을
아이스박스 한가득 담는다.

매물도에서 미역을 말리는 풍경은 일상이다.

바닷바람에 문어가 말라 가는 매물도.

Part 4

섬의 운명을
함께하는 공동체

우리나라는 예로부터 두레와 품앗이 같은 공동체 문화가 발달했다. 하지만 농촌과 어촌의 사람들이 도시로 빠져나가면서 이제 그 모습을 찾아보기 어려운 실정이다. 하지만 섬에는 아직 공동체가 살아 남아 있다.

섬사람들에게 공동체는 필수불가결한 존재다. 작은 배에서 홀로 하는 어업은 어획량도 적을뿐더러 풍랑에 배가 뒤집힐 위험도 컸다. 하지만 큰 배에서 많은 사람들이 공동 어획을 하면 수확량도 오르고 위험도 적다. 이렇게 섬의 남자 대부분이 모여 탄 배는 한 번 바다에 나가면 짧게는 하루 이틀, 길게는 보름에서 몇 달이 지나서야 다시 섬으로 돌아왔다.

저 멀리 수평선으로 배가 들어오는 것이 보이면 섬사람들은 마을 축제를 준비했다. 배에는 바다에서 잡은 해산물뿐만 아니라 섬에서 수확하기 힘든 농작물이며 도시의 생필품이 가득 실려 있었다. 돌아오는 길에 장에 들러 잡은 것을 팔고 가족 먹을 쌀이며 아이들 줄 과자, 섬에 부족한 생필품들을 하나둘 마련해서 다시 가족이 기다리는 섬으로 돌아왔다. 그렇게 긴 여정에서 무사히 돌아온 배를 환영하며, 섬 전체가 와자지껄하게 잔치를 벌였다.

섬의 삶은 이러했다. 생선을 낚아도 지나가는 길에 어른 계신 집에 몇 마리씩 건네주는 게 예사고 전을 부치더라도 한 장

더 부쳐 담장 너머로 건네주었다. 한 집에 경사가 생기면, 그건 바로 마을 전체의 축제가 되었다. 이렇게 섬은 함께 일하고 함께 음식을 나누어 먹는 생활 공동체였다. 그렇기 때문에 마을제는 더욱 중요한 행사였다. 섬 전체의 생존이 걸려 있기 때문이다. 마을제 때가 되면 섬사람들은 모두 함께 나서서 음식을 마련했고 성심을 다해 마을의 무탈과 바다의 풍요를 빌었다.

이러한 공동체 문화는 섬에서 사람들이 떠나며 급격히 사라졌다. 그럼에도 공동체란 아궁이에 불씨를 살리기 위한 섬사람들의 노력은 오늘도 계속되고 있다.

학림도

함
께
차
리
는
밥
상

마을에는 영등할멈네의 물대가 세워졌다. 이월로 접어든 것이다. 땅에는 봄의 입김이 서리고 강 기슭의 대숲이 한결 연한 빛을 띠기 시작했다. 바람 올린 음식이 가만가만 나누어지고 마을사람들은 금년에도 시절이 잘 되기를 빌었다.

"성님 와 이리 날씨가 춥소? 바램이 불어서 눈도 못 떠겄구마요."

(중략)

"금년에는 할만네가 며늘애기를 데리고 내리오는갑다. 별나게 바램이 부네"

통영이 고향인 소설가 박경리의 작품 <토지>의 한 대목이다.
차가운 바람을 불러왔다는 할만네는 섬이나 어촌 지역에 전해
지는 세시풍속이다. 통영의 섬이나 어촌에서는 음력 2월을 '영
등철(할만네)'이라 부른다. 바람의 여신 영등할매는 보통 음력
2월 초하루 내려와 2월 보름이나 스무날에 올라간다. 그동안
영등할매는 온갖 심술과 변덕을 부리는데, 갑자기 바람이 일
고 파도가 몹시 거세어져서 해난 사고가 유난히 잦다. 이 때문
에 어부들은 영등철에는 바다에 나가길 삼갔다.

'보통'이란 표현을 쓴 이유는 학림도에선 영등할매가 내려
오는 시기가 다르기 때문이다. 학림도에선 영등할매가 음력 2
월 초아흐레[9일]에 내려와 열나흐레[14일]와 열아흐레[19일]에 올라
간다. 이때 딸이나 며느리를 데리고 오는데, 딸은 예뻐서 비
바람이 치지 않지만 며느리를 데리고 내려올 때는 심술이 나
서 비바람이 몹시 친다.

학림도 사람들은 초아흐레가 되면 대나무 가지에 오색 천
을 단 물대 위에 정화수를 올려 부엌에 세운 다음, 갖가지 제
물을 차려 극진히 정성을 올렸다. 영등할매가 올라가는 열아
흐레까지 정화수는 매일 우물에서 깨끗한 물을 새로 떠다 바
쳤다. 마지막 열아흐레엔 소지를 훨훨 태워 올림으로써 비로
소 영등할매를 맞이하고 보내는 할만네 의식이 마무리된다.

"집집마다 2월 초아흐레가 되모 물대를 세웠지. 물대를 우찌 만드냐고 하모, 대나무를 쪼개고 쪼개서 가지를 묶고 벌려서 중대접 하나 올릴 수 있거로 하는 기라. 대가지에는 빨간색, 파란색 온갖 색깔의 천을 매달아 놓는다."

정계선(83) 할머니에게 무엇을 빌었냐 여쭤 보았다.

"뭐라꼬 비냐꼬? '2월 풍신제석 조모님, 각 가정에 좌정했으니 우짜든지 바다 일 무탈하고 가정 편커로 해 주이소' 하고는 손을 빌지. 그런데, 한번은 여객선이 영등할매를 무시하고 댕긴 기라. 그래 물 밑으로 가라앉았지. 이때 떼죽음 한 초상집이 여럿이다."

영등할매는 언뜻 보면 매서운 바람만 몰아오는 심술궂은 신으로 보이지만, 사실 섬에 없어서는 안될 존재였다. 영등할매는 바람의 신이기에 앞서 조개나 생선의 씨앗을 가져다주는 종자의 신이기 때문이다. 그래서 지금도 학림도 사람들은 영등철에 치패^{어린 조개}를 바닷가에 뿌린다.

하지만 학림도에서조차 할만네는 사라지고 말았다. 1986년 발간된 <통영군사>에선 통영 지방 178개 마을의 절반이 넘는 90개 마을에서 마을제 부락제를 지냈다는 기록이 나온다.

통영지방에는 모두 178개의 행정마을이 있는데, 이중 절반이 넘는 90개 마을에서 제를 지내고 있다. 31%인 56개 마을은 원래부터 부락제를 지내지 않았지만 18%인 32개 마을은 중간에 없어진 것으로 나타났다. 부락제가 사라진 이유로는 20개가 70년대 새마을사업의 영향을 입은 것이고, 6개는 60년대 재건국민운동에 밀린 것이다.

부락제에 참여하는 인구는 전체 12,565가구 62,411명 중 6,438가구 30,879명인데 같은 마을에 살면서도 고등종교를 믿어 부락제에 참여하지 않는 약간 명의 주민을 참작하더라도 전체 군민의 절반 가량이 참여하는 것으로 볼 수 있다. 부락제는 섬이나 해안지방에서 여전히 성하며 중간에서 없어진 곳은 내륙지방이 두드러지는 데 농사를 짓는 내륙지방은 자연을 극복하고 믿음의 주요 원인 중의 하나인 질병의 공포에서 벗어났고 바다생활은 여전히 위험이 있기 때문으로 분석된다.

이처럼 1970~80년대 마을제는 재건국민운동과 새마을운동이 거세지면서 미신이란 이유로 타파의 대상이 되었다. 결국 이제는 통영 전체를 통틀어도 마을제를 지내는 곳은 채 스무 곳이 안 된다.

할만네의 전통은 사라졌지만 마을제인 '위산제 魏山祭'는 학림도에 여전히 남아 있다. 당산제 堂山祭 격인 학림도의 위산제는 음력 정월 초이틀 밤에서 초사흘 새벽까지 1박 2일 동안 스님을 모셔서 행한다. 제상이나 축원을 받는 곳은 크게 세 곳. 학림도 당산과 우물, 마지막으로 용왕이다. 산신을 모신 학림도 당산은 평소는 물론 위산제 전후로는 주민들의 출입이 금지되는 '성역'이 된다. 주민들의 삶에 직결된 공동 우물 일고여덟 개도 축원의 대상이다. 학림도는 저도, 송도, 연대도, 만지도 등 인근 다섯 개 섬 중에서도 100여 가구, 400여 명으로 가장 인구가 많은 섬인데다가 김과 파래 양식이 주산업이었던 1960~70년대에 김, 파래를 씻어 내기 위해 민물을 많이 사용했기에 물이 매우 부족했다. 필요에 의해 우물을 하나둘 파기 시작하여 지금은 학교 옆, 교회 옆, 길가와 집안에 이르기까지 마을 전체에 우물이 넘쳐난다. 섬의 생존에 직결된 우물이기에 스님은 초이틀 밤부터 당산제를 올린 후 새벽 동이 트기 전에 공동 우물을 차례로 돌며 정성 들여 정화 의식을 행한다.

바다의 신인 용왕께도 지극한 정성을 올린다. 마을 배를 타고 학림도 주변 바다를 돌며 뱃길의 무사 안전과 풍어를 기원하며 과일 등 제물을 바다에 바친다.

예전 남해안별신굿이 열린 별신굿터^{학림보건소지소와 학림초교 사이 공터}에는 거리밥상을 차린다. 많이 줄었다고는 하지만 2013년 별신굿터에는 스무 개 넘는 밥상이 나왔다.

주민들이 협력하여 차려낸 스무 개의 밥상을 통해 그들이 꿈꾸는 공동체의 삶을 엿볼 수 있다. 제상을 준비하는 부엌의 풍경에는 이웃, 자연과 조화롭게 더불어 사는 삶을 소망하는 위산제의 뜻이 고스란히 담겨 있다.

"마을제를 타파해야 할 미신이라고 생각할 수도 있다. 하지만 학림도 위산제는 특정한 신자를 위한 것이 아니라 마을의 모든 사람을 비롯한 삼라만상의 평안을 위한 기원이다. 위산제에 주민들이 참여해서 음식을 나눠 먹으면서 일체감을 갖고, 마을의 공동 현안사업에 대해 의논하는 주민총회도 열린다."

위산제를 주관하는 청룡암 현중스님의 견해다.

"위생적인 관점에서도 위산제를 전후해서 마을을 깨끗이 청소하고, 마을의 생명수인 마을 우물을 정비하며, 궂은일을 금하며 몸을 깨끗이 했다. 부락제는 무조건 미신이라고 매도해야 할 대상이 아니라 마을의 공동제의이자 축제, 정화 의식이다."

주민의 삶 깊숙이 스며든 문화, 조개

통영에서 조개가 가장 많이 나는 섬 학림도의 원래 이름은 '새
섬'이다. 한자명은 새섬을 훈차한 '조도 鳥島'. 1872년 제작된 통
영 지도에도 조도란 지명이 등장한다. 일제 강점기 건설된 '조
도등대', 뭍인 달아마을, 척포마을과 학림도 사이의 물길은 지
금도 '조도수로'라고 불린다. 1900년대 초, 울창한 솔숲에 학이

많이 찾아와 서식하면서 학림도 鶴林島 라고 개명했으나 아직도 섬사람들은 새섬이라고 부른다. 섬의 형세가 하늘을 나는 새의 모양을 닮은 새섬. 이 새섬에 조개가 무수히 많이 나는 것은 운명일까, 우연일까?

중국 유교의 경전인 <예기>에서는 "꿩이 물 속으로 들어가면 큰 조개가 되고, 참새가 물 속으로 들어가면 작은 조개가된다" 고 설명하고 있다. 이어서 1803년 김려가 저술한 우리나라 최초의 어보 <우해이어보>에서도 새와 조개의 관계를 서술하고 있다.

조개는 알에서 태어나는 것이 아니고, 모두 새가 변해서 된 것이다. 조개의 이름과 형태가 각각 다른 것은 여러 새들이 각각 다른 것과 마찬가지이다. 이들 모두의 이름을 '조개(蛤)'라고 하는 것은, 날아다니는 모든 것의 이름을 새(鳥)'라고 하는 것과 같다.
지금 바닷가에서 잡히는 조개를 보면 그 수가 셀 수 없을 정도로 많다. 날짐승들이 모두 조개로 변화할 수 있으니, 이치로 따져보면 새들의 털색깔이 조개껍질의 색깔이 되는 것이 분명하다.

조개의 모양새나 생태에 대해 치밀하게 관찰하여 내놓은 선조의 견해가 흥미롭다. 실제로 새조개의 경우 껍데기를 깐 조갯살의 모양이 마치 새의 부리나 날개와 흡사하다. 정약전의 <자산어보>에서 새조개^{雀蛤}에 대해 '조가비가 두껍고 미끄러우며 참새 빛깔에 무늬가 참새 털과 비슷하여 참새가 변한 것이 아닌가 하고 의심된다'고 기록할 정도다.

직접 조개밭에서 조개를 캐보면, 좀 더 선조들의 생각에 공감하게 된다. 조개밭에는 작은 게와 작은 생선, 고동 등 새들이 좋아하는 먹이가 많아 갈매기를 비롯한 새들이 자주 내려앉기 때문이다. 조개밭을 자주 찾는 새들과 새를 닮은 조갯살 모양까지. 선조들이 새가 변해 조개가 된다고 기록하고도 남을 만하다.

학림도는 섬 전체가 조개밭이다. 나이 많은 어르신들에게 "언제부터 조개가 많았습니까?"하고 여쭈니, "우리 할매에 할매, 그 할매에 할매 때부터……"란 대답이 돌아온다. 섬에 사람이 살기 전에도 조개가 많았으리라.

조개는 학림도 사람들에게 소중한 재산이자 그들만의 삶 깊숙이 스며든 문화이다. 지난해 9월 방문한 학림도에서 신기한 장면을 보았다. 한여름도 지났으니 적조가 찾아왔을 리도 만무한데 학림도 주변의 바닷물 빛이 온통 붉은 색깔로 변한 게 아닌가! 마침 지나가는 섬 주민에게 물었다.

"저거요. 조개가 난^卵을 싸서 그렀십니다."

조개가 산란한 알이 바닷물에서 수정해 2~3주간 부유 생활을 하는데, 학림도 전체에 얼마나 조개가 많은지 학림도 주변 바다 빛이 온통 붉게 변한 것이었다. 그 바다가 학림도 사람들을 먹이고 입히는 부엌이라는 생각이 들 정도였다.

마을 주민들이 조개를 캐거나, 치패를 뿌려 기르는 곳을 조개밭이라고 하는데, 학림도는 큰시미^{학림도 앞 조개밭의 이름}, 작은시미, 마을 앞 갯벌까지 모두 조개밭이었다. 마을 앞 갯벌은 매립해 물양장이 되었지만 큰시미, 작은시미 조개밭은 굉장히 넓다. 특히 큰시미 해안은 썰물이 되면 해안에서 바다 쪽으로 물이 1킬로미터도 넘게 빠진다. 광활하게 드러난 모래 벌판은 넓고 평평해 바닷가 갯벌이 아니라 평야 같은 느낌을 준다. 작은시미 또한 큰시미보다 좁지만, 웬만한 섬이나 통영 바닷가보다 넓다.

이 바다에서는 얼마나 많은 조개가 생산되는 걸까? 박능출(62) 학림 이장은 "마을 주민들이 모두 바지락 조개를 파도 좋다는 영令을 내리면, 30여 호 정도가 큰시미에서 바지락을 캐는데 이틀간 벌이가 천만 원이 넘는다"고 자랑이 대단하다. 그뿐만 아니라 조개의 품질에도 자부심을 보인다.

"학림도 모래질에서 큰 바지락은 서해안 뻘에서 자란 조개와는 달리, 알이 굵고 여물다. 바닷물에 2~3일만 해감하면 모래가 하나도 씹히질 않는다. 껍데기 역시 크고 색깔이 선명해 일본인들이 수입해 갈 정도다. 조개 상인들 역시 일본에서 구매 요청이 들어오면 제일 먼저 여기 학림도 조개부터 찾는다."

조개의 섬 학림도에서 최고의 조개는 단연 바지락이다. 주민들도 임의로 바지락을 캘 수 없고 반드시 마을의 영이 내려야 캘 수 있을 정도로 귀한 대접을 받는다. 반면 개조개는 물이 많이 빠지는 사리 때면 주민 누구나 캘 수 있다.

요리 방법 또한 다르다. 개조개는 해물탕이나 유곽이 대표적인 요리다. 그 이유는 조갯살이 많은 반면 질기기 때문이다. 개조개가 몇 개만 들어가도 해물탕이 풍성해진다. 개조개 유곽은 개조개 살을 잘게 다져 볶은 후 방아잎, 달걀, 밀가루, 된장을 주재료로 한 양념장과 고루 섞고, 조개 껍데기에 다시 담아 석쇠에 구워 먹는 음식이다.

바지락은 <자산어보>에서 '살이 풍부하고 맛이 좋다'고 기록한 만큼 다양한 요리가 전해진다. 바지락을 바닷물이나 소금물에 이틀 정도 해감한 다음 물을 붓고 끓여 내는 바지락국은 깔끔하면서도 개운한 맛이 일품이다. 바지락 자체의 맛이 좋으니, 별다른 재료 없이 국이 한소끔 끓을 때쯤 쪽파를 썰어 넣어주면 색감도 좋고, 입맛도 돋운다.

통영의 명절과 제사상에 반드시 오르는 나물 중 탕수의 기본 재료가 바로 바지락이다. 적당한 크기의 바지락을 자르지 않고 그대로 볶아, 물을 붓고 끓인다. 깔끔한 탕수는 적게는 일곱 가지 많게는 열한 가지가 넘게 만드는 통영 나물과 잘 어울린다.

학림도 섬사람들만 먹는 음식도 있다. 바로 '바지락 회무침'. 신선한 바지락 산지인 학림도에서는 신선한 바지락을 회로 바로 먹는다. 껍데기에서 깐 바지락 조갯살을 미나리, 배와 함께 초고추장 양념에 버무려 먹는다. 시원하고 아삭한 배의 식감과 새콤달콤한 초고추장의 맛이 달큰하면서도 쫀득한 바지락 속살과 잘 어울린다. 심지어 학림도 사람들은 요리를 하기 위해 바지락 껍데기를 까다가 생 조갯살을 그대로 먹기도 한다.

바지락죽은 전복죽과 마찬가지로 조갯살을 참기름에 달달 볶아서, 불린 멥쌀과 함께 물을 붓고 끓여 낸다. 학림도 사람들은 "학림도 바지락 맛이 워낙 풍부하고 살이 많아서 전복죽하고 바지락죽하고 같이 올려놓으면 바지락죽부터 묵는다"고 말할 정도로, 바지락에 대한 애정이 남다르다.

요즘이야 바지락을 많이 캐면 냉장고 냉동실에 보관할 수 있지만 예전에는 저장 방법이 별로 없었다. 말리는 방법이 가장 대표적이었다. 바지락 코^{입수공}를 가늘고 길게 자른 대나무에 꿰어 이틀 정도 말린 바지락은 오랫동안 보관할 수 있고, 이 송도 편해 냉장고가 등장하기까지 큰 인기를 끌었다. 약한 연탄불이나 장작불에 살짝 구운 바지락 꼬치는 맑은 소주나 청주 안주로 안성맞춤이었다. 그 맛도 맛이지만 꼬챙이에서 하나씩 빼 먹는 재미도 잊을 수 없다.

학림도 역시 다른 섬과 마찬가지로 젊은 사람들이 떠나면서, 70~80대 노인층이 대부분이라 이젠 조개를 캘 여력이 없다. 조개가 무진장 쏟아져 나오는 황금어장을 바로 마을 앞에 두고도 주민들이 캐내지 못하는 상황이 되자, 외지 관광객을 유치하는 '갯벌 체험'에 눈을 놀렸다.

학림도는 2008~2012년 어촌어항관광지 조성 사업을 통해 마을에 휴양관과 유료 낚시터, 갯벌 체험장을 설치했다. 그리고 이를 체계적으로 관리하기 위해 안정행정부에서 '학림섬 정보화마을'로 지정하여 운영하고 있다.

학림섬 정보화마을 운영위원장을 맡고 있는 박능출 이장은 "학림도 길게 뻗은 해안선을 따라 바지락밭이 지천으로 깔려 있어 바지락 캐기 체험이 연중 실시되고 있다. 30분 남짓이면 한 바구니를 가득 캘 정도로 바지락이 많고 씨알이 굵다. 덕분에 한번 온 체험객이 꼭 다시 찾는다"며 갯벌 체험에 거는 기대를 표현했다. 바지락 캐기 갯벌 체험의 수익금은 섬에 남은 어르신들에게 쌀 같은 생필품으로 환원된다. 또 주민들의 정에 반한 관광객들이 섬에서 자고 가는 일도 늘어나 부가 소득도 올리고 있다.

일부 바지락 캐기 갯벌 체험장에서는 많은 체험객 유입으로 인해 갯벌이 상하거나 조개가 사라지는 등 위기를 맞고 있다. 하지만 학림도 사람들은 주민들이 바지락을 캐는 큰시미와 외지 관광객들이 바지락 캐기 체험을 즐기는 작은시미를 구별해, 무분별한 바지락의 채취를 막아 갯벌을 보호하고 있다. 섬의 생태계를 보호하는 것이 섬 환경을 기반으로 차곡차곡 쌓아온 섬 생활 문화 역시 지키는 것이라는 것을 잘 아는 학림도 주민들의 지혜다.

죽도

•

바다의 풍요를 나누는 마음

죽도는 통영에서 유일하게 남해안별신굿 ^{중요무형문화재 제82-4호} 의 전통을 잇는 섬이다. 통영의 섬에는 본래 남해안별신굿이 성했다. 2박 3일은 기본, 6박 7일 가량 굿이 펼쳐질 정도로 굿의 규모가 컸다. 남해안별신굿을 펼친 섬에는 '巨里之神 ^{거리지신}'이라 새긴 비석이 세워져 있다. 죽도와 인접한 용초도, 비진도, 그리고 조금 떨어진 연대도, 학림도에도 거리지신 비석이 아직 남아 있다. 다른 섬에선 모두 사라진 남해안별신굿이 유일하게 죽도에서 이어지는 이유는 무엇일까?

정영만(59) 남해안별신굿 보존회장은 "죽도 주민 대부분이 경주 정씨 같은 씨족으로 형성돼 있다. 그만큼 유대가 남다르제. 여러 씨족이 입도한 섬에선 한두 씨족이 반대하면 남해안별신굿이 사라지지만, 죽도는 오히려 남해안별신굿을 살릴려고 한마음 한뜻으로 힘썼다"라고 통영 유일의 남해안별신굿 당골판 ^{세습무의 일정한 관할 구역}이 죽도에 남게 된 이유를 설명했다.

남해안별신굿은 들맞이 당산굿, 위만제, 일월맞이, 골매기굿, 부정굿, 가망굿, 제석굿, 선왕굿, 용왕굿, 지동굿, 손님풀이, 고금역대, 황천문답, 열두축무, 환생탄일, 시왕탄일, 군웅굿, 시석 등이 며칠씩 이어진다. 척박한 섬 환경의 특성상 큰 비용이 드는 별신굿을 유지하기 힘들었으리라. 하지만 죽도는 그 비용을 감당할 수 있을 만큼의 부를 축적하고 있었다. 죽도가 '돈섬'이라 불릴 정도로 부를 쌓는데 크게 일조한 것은 바로 삼치잡이였다.

섬에 풍요를 불러온 삼치

"가을 찬바람이 불모 삼치 떼가 몰리오는 기라. 어떻게 아느냐. 온 바다 물빛이 온통 허예. 멸치 떼를 잡아 묵을 끼라꼬 삼치가 수면 가까이서 튀제. 삼치가 얼매나 많으모 태풍 불 때 바다가 허옇게 이는 것 맹치로 바다가 뒤집어진다꼬. 삼치 떼 소식을 제일 몬지 전하는 데는 알섬, 홍도야. 그다음에 매물도, 장사도, 그리고 우리 죽도 앞바다로 몰리오지. 그때가 추석 전후라. 추석 큰 대목을 앞두고 삼치 풍어가 들모, 마을이 온통 잔치 분위기제. 참치? 그건 고기도 아니다. 삼치 떼가 우리 죽도 앞바다로 몰리들고, 애린 ^{어린} 참치도 같이 잡힌다. 그거는 바로 내뺀다. 삼치에 비하모 살이 단단해서, 회나 구이로는 파이라. 요즘에야 그 참치도 묵는다지만 예전 겉으모 어림도 웁다."

욕지도에 고등어, 추도에 물메기가 있다면 죽도에는 '삼치' 가 있다. 삼치는 <우해이어보>에도 등장할 정도로 남해안의 대표적인 어종이다. 죽도 마을 전체 40여 가구, 집집마다 삼치 잡이 배가 출어에 나설 정도로 삼치잡이로 유명세를 떨쳤다. 배 한 척에 선주와 선원 두세 명이 함께 작업했으니, 실로 마을 전체가 삼치잡이에 종사했다고 해도 과언이 아니다.

죽도를 중심으로 용초도, 추봉도, 장사도, 매물도 일대가 삼치어장인데 그 중에서도 죽도 앞바다가 황금어장이었다. '삼 치 때가 나타났다'며 배 한 척이 포구를 나서면 30~40척의 배 가 잇달아 출항해 죽도 앞바다를 가득 메웠으니, 실로 장관이 었다. 새벽 날 새기 전에 조업에 나선 삼치잡이 어선은 낚싯바 늘이 60여 개가 이어진 공갈 낚시를 물 밑으로 드리웠다. 공갈 낚시란 별명이 붙은 이유는 보통 낚시가 갯지렁이나 새우 같은 미끼를 쓰는 반면 삼치 낚시는 낚싯바늘에 은빛 비닐을 끼운 게 미끼의 전부이기 때문이다.

"본래 삼치가 맬치 ^{멸치}를 묵는다꼬. 그래서 맬치 떼를 쫓는 기라. 공갈 낚시 바늘에다가 은빛 비닐로 끼워서, 배가 앞으로 나가고 물살에 팔랑팔랑 거리모 맛있는 맬치가 눈앞에 노는 것맨치 보이는 기라. 그걸 덥썩 물모 삼치가 잽히는 기지."

전체 길이 70~80미터 가량인 삼치 낚싯줄을 한 번 풀었다가 감는 데는 30분가량 걸린다. 서너 번만 끄신바리 [채낚기 조업]를 하면 배 어창은 물론 갑판이 가득 찰 정도로 풍어가 이어졌다.

삼치 한 마리 무게가 보통 2~3킬로그램. 큰 삼치는 5~7킬로그램에 1미터를 넘었다. 고등어와 참치처럼 생긴 몸체가 보통 어린아이만 해서 어른들조차 한 손으로 삼치를 제대로 못 들 정도로 컸다. 삼치 20~30마리가 한꺼번에 물면 장정 두 명이 낚싯줄을 잡아 당겨도 끌려오지 않을 정도로 힘도 셌다.

'조선 좋은 (물)고기는 모두 일본으로 간다'는 말처럼 삼치 역시 일본으로 수출되는 대표 수산물이었다. 일본에서 삼치는 초밥용 재료와 구이용 생선으로 각광을 받았다. 일제 강점기에 삼치 한 마리 가격이 80킬로그램 쌀 한 가마니에 맞먹었다.

정광훈(75) 할아버지는 "1960~70년대 삼치 1킬로그램당 가격이 4천 5백 원 했다. 그때 쌀 한 가마니 가격이 1만 4천 원 정도라. 삼치가 보통 2~3킬로그램은 나가니까 삼치 한두 마리모 쌀 한 가마니하고 바꿨지. 그만큼 삼치가 가치가 있었다꼬" 라고 당시 삼치 시세에 대해 설명했다.

"그때 서 돈짜리 금반지 가격이 1만 원인가 1만 5천 원 정도 했다꼬. 삼치 한 마리가 1만 원~1만 5천 원이니까 그 가치가 얼마나 대단하노. 육지에서 처니^{처녀} 들이 서로 시집을 올라캤제. 중매쟁이들도 죽도에 줄을 섰고."

비단 정광훈 할아버지뿐만 아니라 죽도 주민들은 삼치에 대한 자부심과 애정이 대단하다. 삼치는 죽도 사람들의 부엌과 바깥 살림을 책임지며 생활에 빠져서는 안되는 중요한 존재다.

죽도 앞바다는 항상 일본 상고선 ^{운반선 겸 중간 상인} 두 척이 대기하고 있었다. 신선도가 생명이요, 돈의 가치를 좌우하는 생선의 특성상 죽도 앞바다에서 잡은 삼치를 바로 일본으로 싣고 가기 위해서였다. 상고선은 그날 잡은 삼치만큼의 비용을 바로 현찰로 지불했다. 이 현찰 다발은 '죽도마을금고'에 차곡차곡 쌓였다. 40여 가구, 100여 명이 넘는 주민들이 금고를 이용하니, 금고에는 돈다발이 하늘 높은 줄 모르고 쌓여 갔다.

여기에 부산에서 사업을 한 정지홍(65) 죽도 이장(당시 죽도마을금고 운영)의 경영 방식도 한몫을 했다. 신발이며 어구를 부산에서 바로 사들인 것이다. 중간 유통 마진이 없으니, 죽도 공산품이 저렴해 주변 섬에서 물품을 사기 위해 죽도로 몰려왔다. 심지어 본섬인 한산도 주민들까지 몰려들 정도였다. 그리고 마을 집집마다 번호를 정해서 주민들이 공산품을 직접 구입하거나 소개를 하면 한 달에 두 번 결산을 할 때 기여도만큼 이익을 더 분배했다. 결국에는 죽도마을금고가 대도시 금고들을 제치고, 전국 2위에까지 올랐다.

"조그만 섬에서 마을금고가 잘된다고 하니깐, 하루는 청와대에서 직원을 보내 시찰을 하러 왔지. 시찰단장이 금고 문을 여니까, 돈다발이 우르르 쏟아졌지. 얼마나 놀랐겠노! 그 다음부턴 청와대가 죽도마을금고를 전국 최고라 인정했지."

이렇게 죽도의 번성에 큰 몫을 한 삼치이다보니 죽도에선 중요한 잔칫상이나 제사상에 삼치를 꼭 올린다. 아무리 산해진미가 준비돼도 삼치 요리가 빠지면 상을 제대로 못 받은 것처럼 섭섭해 한다.

삼치를 활용한 주요리는 삼치구이. 길이 1미터가 넘는 삼치는 몸통 전체를 한꺼번에 구울 수 없다. 그래서 머리와 꼬리 사이 몸통을 절반 정도로 잘라낸 다음 가운데 뼈를 중심으로 포를 뜨듯이 잘라낸다. 한쪽 살만 해도 어른 손바닥 두 개를 합쳐도 못 덮을 정도의 크기다. 불이 활활 타는 꽃불을 지나 약해진 불에, 석쇠에 넣은 삼치를 노릇노릇 구워 낸다.

제사상에는 삼치찜을 올린다. 찜통에 삼치를 넣어 찌는데, 제일 중요한 건 물이 삼치살에 닿지 않아야 한다. 알맞게 익은 삼치에 붉은 실고추와 통깨를 얹어 상에 올린다.

살이 많은 삼치는 맑은 탕^{지리} 이나 매운탕 모두가 맛있다. 살이 많아서 기름기가 많을 것 같은데, 고등어 같은 붉은 살 생선과는 달리 담백한 맛이 일품이다. 무를 냄비 바닥에 깔고 된장을 풀어 조리는 삼치조림 역시 한번 먹으면 자꾸만 입맛이 당기는 요리다. 삼치구이나 삼치찜, 삼치조림은 꼭 죽도가 아니라도 먹을 수 있다. 하지만 죽도에서만 먹을 수 있는 요리가 있다. 바로 삼치회와 삼치초밥. 신선도가 뛰어나기에 맛볼 수 있는 요리다. 두툼하게 썰어 낸 삼치는 아이스크림처럼 부드러우면서도 입안에서 살살 녹는다. 특히 삼치초밥은 일본 사람들이 많이 좋아하는데, 얼마나 인기가 있었던지 일본 수출이 한창이던 1980년대까지만 해도 섬 주민들이 입에 댈 초밥용 삼치가 남질 않았다. 요 근래 일본 수출이 줄어들면서, 섬 주민들도 가을 삼치철에는 삼치를 초밥으로 즐긴다. 삼치에 대해선 마을 주부들이 전문가요, 박사인 곳이 죽도다. 이상임 (60) 씨의 말을 들어보자.

"삼치는 자고로 커야 맛나지. 전에는 6~7킬로그램짜리, 그러니까 1미터 넘는 삼치들이 많이도 잡혔거든. 시어른들이 반찬 하라고 주시면 굽기도 하고 탕을 끓이기도 하는데, 참치는 맛도 아닌 거라. 삼치에 비하모 참치는 돌덩이 맨치 단단하지. 그러니 삼치살이 얼매나 부드럽고 국물이 개운하겠어. 참말로 세상에 삼치처럼 맛난 고기가 없지. 보통 '치'자 들어간 생선, 그러니까 멸치, 꽁치 같은 생선은 제사상에 못 올리잖아. 비린내도 나고 품위가 떨어진다고 꺼렸단 말이지. 그런데 죽도에서는 제사상에도 삼치가 꼭 올라가. 죽도 사람들 먹여 살린 게, 죽도를 돈섬으로 만들어 준 생선이 삼치니까. 그리고 평소 제일 맛있게 드신 걸 상에 올리는 게 제사의 예절이고 정성 아이겠나. 지금도 죽도 집집 냉장고마다 삼치가 꽉꽉 들어차 있어. 제사가 두 번이모 두 마리, 세 번이모 세 마리는 제일 굵은 삼치를 냉동실에 넣어서 보관하지. 그게 죽도에선 기본이라."

삼치는 설, 추석과 같은 명절과 집의 제사뿐 아니라 섬의 수호신 당산할매를 위해 차리는 밥상에 이르기까지, 죽도에서 치르는 모든 상에 오르는 음식이다. 이렇듯 섬의 환경은 부엌과 음식 문화 그리고 사람의 마음에 밀접하고 있다.

당산할매 풍습으로 지켜낸 섬의 자연

죽도 주민들은 섬의 풍요로움과 사람들의 무탈함이 모두 '당산할매' 덕분이라고 굳게 믿는다. 매물도에 당산할배가 있다면, 죽도는 당산할매가 섬을 굽어 살피신다.

죽도 인구가 최고 많을 때는 1970년대 99가구, 500명에 달했다. 게다가 전복이며 해삼, 성게가 많아 제주 해녀가 원정 물질을 하러 오자 섬 인구는 600명을 넘어섰다. 오늘날처럼 가스나 전기가 없던 시절, 섬의 난방과 취사는 모두 나무 땔감으로 감당해야 했다. 죽도뿐만 아니라 통영은 물론 대한민국 대부분 시골의 형편이 그러했기에 마을 주변 산의 7~8부 능선까지 민둥산이 되기 일쑤였다. 여기에 섬 주민들의 주식인 고구마나 보리를 경작하는 밭까지 있었으니, 섬의 산림이 남아날 도리가 없었다. 그런데도 죽도에는 거대한 원시림이 남아있다. 한아름이 넘는 동백나무, 잣밤나무, 후박나무까지 수백 그루가 대규모 군락을 이루고 있다. 섬을 지키는 당산할매가 머무시는 당산이라는 이유 덕분이었다. 그렇다면 섬 주민들은 땔감을 어디에서 구했을까? 정지홍 죽도 이장이 인근 섬에서 땔감을 나르던 시절을 떠올렸다.

"큰딱섬 대딱도, 작은딱섬 소딱도 이 죽도에 딸린 부속섬이었지. 장사도 죽도에 속하는 섬이었고. 주민들이 땔감을 구하는 산판이 큰딱섬, 작은딱섬이었다. 동네 어른 여럿이 큰 배에 한가득 두 개 섬에서 땔감을 해왔다. 당산할매가 깃든 당산숲에는 나무 하나 도끼나 톱날을 대질 않았다. 자칫 부정한 사람이 당산에 올랐다가는 동네 전체에 탈이 나는 동티가 날까봐 두려워했다. 덕분에 수백 년 동안 당산숲이 지켜질 수 있었다."

한겨울에도 푸름을 자랑하는 난대림 당산과 함께 죽도의 또 다른 자랑은 방중 ^{防中} 이다. 거대한 여신인 당산할매가 싼 오줌이 모여서 동네 한 가운데 형성된 방중. 보통 우물에 기대어 식수를 구하고, 빗물에 기대어 농사를 짓는 다른 섬과는 달리 죽도는 웬만한 저수지 크기인 방중에서 물을 구해다 농사를 짓는다. 신기한 점은 마을 대부분이 모래질이라 빗물이 땅속으로 스며드는데, 방중에는 물이 고인다는 것이다. 게다가 방중과 바다와의 거리는 50미터도 되질 않는다.

정동훈(87) 할아버지는 "집집마다 화장실이나 부엌을 고치기 위해 땅을 파보면 모래질이라. 그냥 두어도 물이 땅으로 흡수되삐리거든. 그런데 희한하게도 방중에는 일 년 열두 달 늘상 물이 고여. 덕분에 죽도 사람들은 마늘이며 파, 그리고 배추 농사를 지어서 섬에서 김장까지 걱정 없이 묵고 살 수가 있지"라며 방중에 대한 경외심과 고마움을 표현했다.

정지홍 이장은 "어릴 때 방중 근처에 쓰레기를 버리모 얼매나 혼이 났던지. 지금도 방중 근처는 항시 카클해야 한다는 생각이 딱 자리를 잡고 있어. 어른들은 당산할매와 동티를 앞세우면서 결국엔 마을의 젖줄인 방중을 지켜왔다"고 설명했다.

나 자신보다 마을의 평온을 먼저 비는 남해안별신굿

삼치잡이에서 당산할매와 남해안별신굿에 이르기까지, 죽도의 문화는 개인의 삶에 한정되지 않고 섬전체의 문화로 자연스럽게 녹아있다. 남해안별신굿에 그 공동체 성격이 잘 드러난다.

남해안별신굿과 여느 굿판을 비교하자면, 보통 굿판이 개인의 무병장수를 기원하는 반면 남해안별신굿은 마을의 안녕을 먼저 기원한다는 차이를 보인다. 죽도 할머니들은 항상 상돈을 올린 후 "첫째는 죽도마을 평안커로 해주고, 둘째는 죽도어촌계, 어부들 무탈하고 고기 마이 잡거로"를 기원하고 나서야 마지막으로 "셋째는 우리 집안, 우리 자슥들"하고 자신의 바람을 빈다.

이처럼 남해안별신굿은 마을의 안녕과 풍어, 그리고 개개인의 무탈과 소원 성취를 기원하는 행사이자 마을 주민들을 하나로 묶어 주는 연대와 화합, 그리고 축제의 장이다. 더불어 인간의 생로병사는 그 인간이 지은 죄와 닦은 복덕에 있으니 살아감에 있어서 많은 복을 나누라는 윤리를 가르치기도 한다.

이러한 남해안별신굿의 의미는 무녀 巫女 인 대모 大母 의 복장에서 잘 드러난다. 먼저 큰머리, 화관과 삼색구슬 장식은 일월성신, 우주만물을 상징한다. 즉 굿을 주관하는 대모는 신과 사

람 사이를 연결하며 세상만사 조화를 이루도록 한다. 얼핏 숟
가락처럼 보이는 비녀는 꽃잎을 형상화한다. 굿판에 선 순간
대모는 꽃이 되고 잎이 된다. 부채에는 죽은 자의 영혼이 내려
앉으며, 말귀를 못 알아듣는 귀신이나 잡귀는 단칼에 쳐서 쫓
아낸다. 특이한 점은 흉배 胸背. 300년 전통의 남해안별신굿은
대대로 신청 神廳 이 따로 있어, 사사로이 굿을 할 수 없었다. 나
라에서 인정하는 대모만이 흉배를 착용할 자격이 있었다.

　어릴 적부터 대모의 춤과 사설, 삼현 육각의 음률을 보고
들은 죽도 주민들은 굿판이 무르익거나 분위기가 가라앉을 때
면 지전 종이돈 을 대모가 든 부채에 올리거나 덩실덩실 춤을 추

면서 호흡과 장단을 맞춘다. 굿판을 주관하는 대모가 갑, 소원을 비는 주민들이 을임에 분명한데도, 때로는 "뭘 했다고 쉬노. 결판지게 놀아 보소"라고 강권하기도 한다.

정영만 남해안별신굿 보존회장은 "죽도에서 남해안별신굿을 펼치면 주민들의 흥에 우리 역시 신명이 난다. 어떤 때는 덩실덩실 춤사위를 추고 싶고, 어떤 땐 주민과 사자 死者 를 어루만지는 시나위를 저도 모르게 연주하기도 한다. 죽도야말로 최고의 무대고, 죽도 주민들이야말로 최고의 귀명창이다"라고 극찬한다.

죽도마을의 중요한 문서를 모은 지동궤에는 고종황제의 굿 허락 문서와 나라의 쌀 지원 내력 등 남해안별신굿 300년 역사가 고스란히 기록돼 있다. 또한 1925년 굿 기록도 남아 있어, 일제 강점기의 탄압에도 불구하고 남해안별신굿을 굳건히 지켜왔음을 확인할 수 있다.

죽도 주민들이 신성시한 곳에서 열리는 남해안별신굿 현장을 따라가면 주민들이 300년간 중요시하며 지켜온 생활 문화를 엿볼 수 있다. 제일 먼저 들맞이당산굿. 마을의 당산에서 당산할매에게 마을의 평안함을 감사드리며, 모든 마을 주민의 정성을 모아 굿을 시작하게 됨을 알려 제청으로 오시라는 맞이굿이다. 위만제는 새벽 일찍 동이 트기 전에 각 마을마다 정해진 산의 위치에 올라 정성으로 기도를 올리는 굿인데, 죽도의 경우 바로 당산할매가 좌정한 당산숲이다. 일월맞이는 가장 일출이 먼저 떠오르는 곳에서 행해지며 골매기굿은 마을 사람들이 모두 먹는 식수인 우물에 가서 하는 우물굿이며, 마을의 각 가정마다 안택을 바라는 지신밟기를 한다. 죽도에서는 방중 또한 빼놓을 수 없는 골매기굿 장소다. 섬의 특성상 바다를 관장하는 용왕님께 바다에 고기를 잡으러 갔을 때 무사함과 풍어를 기원하는 용왕굿이 빠질 수 없다. 마을을 태동시킨 동태부와 조상을 위한 지동굿 또한 별신굿에서 큰 의미를 가진다. 생로병사, 특히 인간은 죽음을 맞이할 수밖에 없는 존재이기에 손님풀이, 고금역대, 황천문답, 시왕탄일을 통해 죽음을 슬퍼하기보다 가는 이를 즐겁게 보내고, 죽은 이의 천도를 빌기도 한다. 마지막으로 시석 ^{거리굿}. 마을을 위한 모든 굿이 끝나고 나면 떠도는 영혼이나 잡신들도 굿이 끝났으니 거방지게 놀다가 많이 먹고, 좋은 곳으로 떠나가길 염원한다. 즉 굿으로 잘 대접해 줄 것이니 떠도는 영혼이나 잡신까지도 마을 모든 액을 다 가지고 떠나라는 바람을 담는다.

많은 사람들이 죽도 남해안별신굿을 찾는 이유는 남해안별신굿의 유일한 통영 당골판이란 점도 있지만 무엇보다 놀랄 만큼 대단한 밥상 때문이다. 남해안별신굿이 펼쳐지는 죽도

입구에는 '죽은 자'를 위한 거리밥상과 '산 자'를 위한 손님밥상
이 차려진다. 거리밥상은 집집마다 밥과 나물, 떡과 과일, 그리
고 고기를 정성껏 밥상에 차리는데, 예전 100상에 비해 줄었
다고 하지만 50상이 넘는 밥상이 첫째 줄, 둘째 줄, 셋째 줄, 그
리고 넷째 줄까지 늘어선다. 형형색색 제물이 담긴 밥상들이
물결을 이루며 춤을 추는 듯하다.

　"제일 먼저 밥상을 차리모 복을 마이 받는다꼬, 잠도 안자
고 신호만 기다리는 거라. 그라다가 깜빡 잠이 들모 꼴찌가 되
는 기지. 일등하려다가 꼴찌가 되모 동네사람이나 시댁 보기
가 얼매나 무안한지. 얼른 상을 차릴 급한 마음에, 숟가락 젓가

락을 안 들고 왔거나 제물이 빠지는 거라. 그라모 다시 집까지 뛰어가서 갖고 오기도 했지. 그렇게 집집마다 정성이 모여 쭈욱 일렬로 도열하면 참말로 볼만했지. 장관이라 장관. 그 정성이 모여서, 다른 섬사람들 바다에서 큰 파도 만나서 떼죽음을 당해도 우리 죽도 사람들은 모두 무사히게 돌아왔지. 육지로 나간 아들, 딸, 사우^{사위}들도 사업이 번창하는 기라.”

산 자를 위한 손님상도 푸짐하다. 통영과 외지에서 남해안 별신굿을 구경하거나 연구하기 위해 몰려든 사람들에게도 식사를 제공하기 위해서다. 떡가래 썰어낸 떡에 계란 지단, 바지락 국물이 시원한 떡국은 기본, 넓적한 숯판에 귀한 장어와 큼지막한 굴을 굽는다. 거리밥상이며 조상에게 올리는 가망굿상에 밥과 나물이 제물로 오르는 것은 당연하다. 그런데 자세히 보면 동그란 떡이 숟가락에 꽂혀 밥 위에 얹혀 있다. 정영만 회장에게 이유를 물었다.

“그게 돈떡이요. 돈떡. 옛날에는 돈이 어떻게 생겼소? 엽전이 동그랗게 생겼제. 동그랗게 생긴 돈떡을 맛나게 묵고도 가고, 싸가지고 가면서 노자로도 쓰라는 기지. 동그란 절편 한가운데에는 주로 ‘복 福’자가 새겨져. 그게 통영 돈떡이야. 보통 내륙지방 제상에 올리는 떡은 네모나지. 시루떡을 생각하모 돼. 생긴 기 완전히 틀리지.”

2012년, 죽은 자의 넋을 위로하고 저승으로 편안하게 인도하는 오구새남굿 현장에서 본 광경에 대해서도 물어보았다. 굿이 한창 진행되는 제청 앞에 짚신 세 켤레, 천 원권 세 장이 놓여 있는 장면의 의미를 정영만 회장이 설명했다.

"그건 사잣밥이야. 짚신 세 켤레, 돈 세 장은 염라대왕이 보낸 일직사자와 월직사자, 시직사자 세 명의 저승사자에게 바치는 뇌물이라. 저승사자들이 죽은 자를 데리고 멀고 먼 저승길 갈 때 짚신 신고 노잣돈 받아서 편안하게 모셔달라는 기지. 돈은 예전에는 엽전을 썼는데, 요즘에는 지폐라. 신식으로 바뀐 기지."

섬의 민속 문화를 지키는 것이 섬을 지키는 것

죽도가 남해안별신굿의 원형 굿판이 벌어지는 곳이란 소문이 전국으로 퍼지면서, 이를 취재하기 위해 몰려든 기자들이며 리포터, 언제 마지막이 될지 모르는 굿의 원형을 기록하려는 교수, 학생, 전문가들, 그리고 구경꾼까지 손님이 100여 명이 넘는다. 죽도 사람들은 100명이 넘는 손님들을 치러 내면서도 넉넉한 웃음으로 맞이한다.

정광훈 할아버지는 "젊은 사람들이며 아이들이 모두 떠나적적하던 죽도가 굿가락으로 흥겹고 사람들로 북적거리니 이게 사람 사는 맛 아이가. 굿판에 온 손님 정성으로 모셔야지, 암. 그래야 당산할매도 웃으시고 용왕님도 박수를 치시지"하며 손님을 맞는다.

항상 넓은 마음으로 손님을 맞이하고 마을의 안녕을 빌어온 정성을 하늘이 들어준 걸까. 올해는 주민들이 소원하던 진주 남강물이 죽도에 들어오는 착공식이 열린다. 통영에서 한산도, 다시 용초도를 거친 진주 남강 수돗물이 해저관로로 죽도까지 연결되는 것이다. 마음껏 물을 쓸 수 있는 육지와는 달리, 빗물과 지하수에 의존해서 생활해온 섬 주민들에게는 가뭄 끝 단비보다 반가운 소식이다.

마을회관도 리모델링 되었다. 젊은이들이 떠난 섬에서 어르신들은 하루 세끼 밥을 제대로 지어서 먹는 것도 일이다. 그래서 마을회관에서 함께 점심을 마련하여 식사를 했는데 이전 마을회관은 낡고 불편했지만 이제는 편안하고 아늑한 공간으로 탈바꿈했다.

여기에 섬 둘레길 조성도 착착 진행되고 있다. 걷기 바람을 타고 젊은 외지 관광객들이 죽도를 찾으면 섬의 분위기도 활기에 넘치고, 섬 주민들의 소득도 생기지 않겠냐는 희망이 생긴 것이다.

정지홍 이장은 "모두가 남해안별신굿 덕분이다. 통영시청은 물론 경상남도, 저 멀리 중앙정부에서도 죽도하모 남해안별신굿 하는 유명한 섬이라꼬 인정해 준다. 아무래도 말을 꺼내기가 숩지 ^{쉽지}. 게다가 TV, 신문까지 매스컴이 죽도에 올 때마다 '제발 진주 남강물 좀 죽도꺼정 들어오거로 해주이소'하고 읍소를 했지. 남해안별신굿 안하모, 돈을 준다고 이 섬에 그 많은 기자들이 올끼가. 진주 남강물 끌어온 거는 남해안별신굿이 일등공신이라. 마을회관 리모델링도 섬 둘레길 조성도 마찬가지라. 앞으로 우리는 지극정성으로 남해안별신굿을 이어갈끼라"고 강조했다.

굿은커녕 당산제조차 사라지는 오늘날, 통영시를 비롯한 문화재청 등의 후원과 주민들의 관심과 참여, 그리고 비용 갹출 덕분에 죽도는 남해안별신굿을 이어갈 수 있었다. 이러한 노력은 단순히 사라져 가는 마을제, 민속 문화를 지킨 것이 아니라 공동체 문화를 말미암아 태어난 섬 특유의 부엌 문화와 생활상의 보호로 연결된다. 그들이 지켜 온 섬의 문화가 앞으로도 지속되기를 바란다.

용초도

●

전쟁 후 섬에서
찾아낸 것

섬은 하나의 운명공동체다. 같은 환경에서 상부상조해야 하는
일이 더 많기 때문에 섬마을 사람들은 결속력이 강하다. 특히
규모가 작은 섬일수록 이러한 성격은 강하게 드러난다. 그런데
여기 같은 섬에서 다른 운명을 맞은 두 마을이 있다. 용초도의
용초마을과 호두마을 두 마을 주민들은 전혀 다른 삶을 살았
다. 민족의 비극인 6·25전쟁과 포로수용소 건립, 강제철거령,
그리고 귀향이 두 마을의 삶을 다른 방향으로 갈랐다. 전쟁 중

사로잡은 포로들을 수용한 거제도포로수용소는 전 국민들이 익히 알고 있다. 하지만 당시 '악질 포로'로 분류된 이들이 이곳 통영 용초도에 분산 수용된 사실은 잘 모른다. 전쟁이 불러일으킨 아픔이 세월이 흐른 지금까지 섬 깊숙이 박혀 있는 섬, 그곳이 용초도다.

"겨우 보릿고개를 넘기고 막 보리 타작을 하는데, 갑자기 섬만한 배가 바닷가로 들이 밀더니, 희한한 차들이 막 나와. 그라더니 집이고, 밭이고 마구 밀어 삐는 기라."

용초도에는 1952년 5월부터 1955년 3월까지 약 3년 동안 8,084명에 달하는 북한군 포로를 수용한 포로수용소(제18수용소)가 설치됐다. 당시 UN군 소속 미군 대대 한 개와 국군 대대 세 개가 주둔하여 포로를 감시했다. 이로 인해 섬 주민들은 삶의 터전인 용초도를 눈을 뜬 채 빼앗기고 주변의 섬으로 소개되는 시련을 겪었다.

박창인(79) 할아버지는 그날을 마치 오늘 아침에 일어난 일인 듯 또렷이 기억한다.

"그날이 음력으로 윤오월 초이레라. 내가 열일곱이었는데, 그날 보리 수확을 한다꼬 보리를 베고 있었지. 섬만 한 배가 남쪽 비진도 쪽에서 용초도로 다가오는 기라. 우린 뭐신지 몰랐지. 그리 큰 배는 난생 처음 봤으니까. 뒤에 알게 됐지만 그 배가 LST^{수륙작전용합선}라. 작은 마을 우리 밭 밑에 배를 대고, 온갖 차를 푸는 기라. 불도샤가 배 입에서 나오더니만은 우리 밭을 치고 올라가는 기라. 밭이고 집이고 다 뿌사삐. 참 기가 막히데. 총을 들고 설치는데, 무서봐서 뭐라 쿠지도 못했어. 다음날이 된 깨 우리더러 섬에서 나가래. 용초도에서 7마일을 넘어서 피난을 가라고. 한산도 본섬도 안 되고, 거리를 재보니 충무관광호텔^{현 통영국제음악당}자리가 7마일이야. 그래 가지고, 그날 밤에 맬치 잡는 배에 가재도구하고 보리하고 실고 노 저어서 날랐제."

1952년 5월 7일 휴전협상 도중 국제연합군^{UN}이 반공 포로와 공산 포로를 분리하여 포로의 자유의사에 따라 송환하겠다고 하자, 공산 포로들이 자유송환 철회를 요구하며 거제도포로수용소에서 폭동과 포로수용장을 납치하는 사건이 일어났다. 이 사건을 계기로 국제연합군은 폭동 사건의 재발을 막기 위해 6월 10일부터 거제도포로수용소의 포로들을 통영 용초도와 추봉도에 분리하여 수용한다.

1952년 6월 16일 용초도 용초마을에 '당장 섬을 떠나라'라는 강제 철거령^{소개령}이 떨어졌다. 100여 가구, 700여 주민들은 이렇게 어느 날 정든 고향에서 쫓겨나야 했고 주민들이 떠난 용초도에는 이중 삼중 철조망이 둘러쳐진 포로수용소가 세워졌다. <한산면지>에 당시 포로수용소에 대한 기록이 남아 있다.

급조된 포로수용소는 세 구역으로 나누어져 있었다. 큰몰(큰 마을)과 제싯골(작은 마을), 재너머논골에도 철조망을 둘러쳐 포로들을 가두었다. 제싯골 왼쪽 언덕빼기에는 수용소의 우두머리를 비롯한 장교들 막사와 중요 군장비, 시설물 관리 건물 등으로 시가지를 방불케 했다.

한 구역에는 7, 8개의 수용소가 들어 있었으며, 한 개의 수용소에는 100명의 포로들이 수용되어 있었다. 각 수용소의 막사 하나에는 50~60명 사이의 인원이 배치되어 있었다. 용초도라는 섬 전체가 수용소였고, 수십 개를 헤아리는 급조된 막사들은 섬을 거의 뒤덮고 있는 형국이었다. 원래 주민들이 살았던 동네 안은 말할 것도 없고 비탈진 전답, 임야, 층층으로 된 논들은 불도우저 등 중장비로 밀어붙여 섬의 아름다운 자연경관을 송두리째 망가뜨려 놓았다.

　　100여 채의 집을 잃은 700여 명 주민들의 삶은 어떠했을까?

　　"그때 섬에서 쫓기난 우리를 피난민이라고 안하고 '소개민'이라고 불렀다. 그해 겨울이 다가온깨나 소개민한테 집을 지어준다 카더라. 그래 갖고 한산도 본섬 하포마을 자갈밭에 10동 80세대, 야소마을 벅수골에 2동 20세대, 그리고 비진도에 20세대가 입주를 했어. 처음에는 텐트고 나중에는 판잣집을 지었지. 우리는 하포마을 자갈밭에 천막을 배당 받고, 천

막 하나에 네다섯 호씩 살았어. 춥기도 얼마나 춥던지. 음력
10월인데 하루는 밤에 눈이 엄청시리 온기라. 그란데, 다음
날 아침에 다른 텐트가 안 보이는 기라. 눈 무게를 못 버티고
무너지삔 기라. 이야기를 들어 본께, 아버지가 주무시는 데
할아버지가 나타나서서 '무슨 잠을 이리도 마이 자냐!'고 호
통을 치더란 기라. 그래 일어나 본께 텐트에 눈이 가뿍이라.
텐트가 키보다 높았는데, 일어날려고 하니 어깨에 받치더란
다. 그래서 손으로 텐트를 치가 눈을 털어낸 기라. 천막이 남
은 우리도 춥디 추었는데, 천막이 찢어지고 내리 앉은 이웃들
은 오죽했겠노."

그래도 보리타작을 마치고 섬에서 쫓겨난 주민들의 삶은 그나마 나았다. 추석 아침에 먹을 것이 없어서 고구마를 쪄 먹으니 식구들이 서러움에 눈물을 흘리기도 했다. 그나마 가뭄에 콩나기로 지급된 양곡 강냉이와 밀기울, 옥수수를 맷돌에 갈아서 곱삶아 보리밥 모양으로 지은 밥으로 겨우 연명했다.

용초도 포로수용소의 상황은 어떠했을까? 가장 당성이 강한 포로들만 분리하여 수용한 곳이 용초도 포로수용소였다. 낮에는 국제연합군의 세상, 밤에는 포로들의 세상이었다. 포로들은 자신들의 당성과 단결력을 과시하기 위해 밤이면 밤마다 적군가 赤軍歌를 목청껏 불렀다. 낮이면 국제연합군과 국군이 진압에 나서, 노란 최루탄 연기가 섬 전체를 뒤덮었다. 그러고 나면 섬은 쥐 죽은 듯 적막만이 흘렀다. 이러한 광경은 맞은편 소개민 마을인 하포와 야소에서 훤히 보였다. 밤이면 인민 재판이 열렸다. 설사 잘못이 없다고 한들 아무도 나서서 변명해주질 않았고, 그 자리에서 즉결 처형됐다.

박창인 할아버지는 "6·25전쟁이 끝나고 우리가 돌아올 때, 국군들이 그러더라고. '즉결 처분된 시신들이 똥통에 담겨 바다에 버려졌다'고. 그런데 실제로 그쪽 해안가에 토막 난 사람 뼈가 많이 나와. 그래서 지금도 섬사람들은 그쪽 바다에서 난 해산물을 안 먹어"라고 설명했다. 또 "포로수용소 막사 안에

군대 내부반처럼 길다란 널판이 있었어. 그기 누워서 자는 기라. 그런데, 집 자재로 쓸라꼬 널판을 뜯으니까 칼이 엄청나게 나오더라. 통조림 깡통 있제. 그걸 찢고 갈아서 날카롭게 만든 칼인데, 그걸로 사람을 처결한거라. 간이 덜덜덜 떨리더라"고 당시를 회고했다.

멀고 먼 집으로 돌아가는 길

뻘건 대낮에 두 눈 뜨고 쫓겨난 용초도 주민들은 한미 당국에 호소도 해봤다. 소개민인 용초마을, 추봉도의 추원마을, 예곡마을의 대표들은 제8대, 제14대 한산면장을 역임한 김석계를 위원장으로 하는 징발보상신청 추진위원회를 결성했다. 김석계 위원장은 서울 국방부를 찾아갔다.

"왜 동네 사람들과 아무런 상의 없이 용초도를 포로수용소로 결정했는가? 쫓겨난 주민들에 대한 대책을 세워져야 하지 않는가?"

하지만 적반하장. 국방부 당국자는 오히려 "용초도는 무인도로 알고 있다. 당국에서 용초도 이장에게 사람이 살고 있는가를 사전에 서면으로 문의했는데 아무런 대답이 없었다. 그

래서 당국에서는 무인도이고 물이 좋은 용초도를 포로수용
소로 결정한 것이다"라며 나무랐다. 용초도 주민들은 "순전히
핑계고 억지다. 총 들고 들어와 '나가라'하면 나가야지. 그때 우
리가 무슨 힘이 있었는가"하며 한탄했다.

　1953년 7월 27일 휴전협정이 체결됐지만 용초도 사람들은
곧바로 마을로 돌아올 수 없었다. 이번에는 인민군 또는 중공
군의 포로가 된 국군들을 남한으로 송환해 이곳 용초도의 '국

군귀환포로수용소'에 수용했다. 사선을 몇 번이나 넘긴 끝에 용초도까지 내려온 국군 귀환 포로들은 이제 조국의 품으로 돌아왔다는 환희와 안심이 채 가시기도 전에 두 달 동안 악몽과 같은 세월을 보냈다고 한다. 북한에서의 포로 생활을 분석해 등급을 나누어 영창(C급)을 보내거나 원대 복귀(B급), 제대(A급)하게 만든다는 소문이 돈 것이다. 용초도는 또 한 번 지옥과 같은 공포의 섬이 되었다. 이런 소문이 나돌기 시작하면서 귀환 포로들의 자살이 연이어 발생했다. 심지어 하루 10여 명이 자살하는 사건도 일어났다고 한다.

포로수용소에 이어 귀환포로수용소로 변한 용초도. 이 때문에 주민들은 1954년 연말이 되어서야 고향으로 돌아올 수 있었다. 하지만 이들을 맞이한 것은 정겨운 집과 논밭이 아니라 황량한 포로수용소 건물과 폐허였다. 그나마 쓸 만한 시설물들은 한국군 공병대가 죄다 철거해 갔다. 주민들은 '마을이 재건될 때까지만이라도 살게 해달라'고 했지만, '상부의 명령'이란 말만 돌아왔다.

돌과 자갈을 넣어 다져 놓은 땅을 파서 논, 밭을 다시 일궜다. 괭이와 삽, 곡괭이와 소쿠리로 오로지 사람의 노동력에만 의존했다. 겨우 강냉이죽과 톳밥, 쑥버무리로 연명하면서 피나는 노력을 기울였다. 이런 노력에도 불구하고 농토에서 소출이 나기는 6~7년이 더 걸렸다. 박창인 할아버지는 눈물로 그때를 회상한다.

"말도 마라. 새벽이모 해 뜨기도 전에 온 식구들이 어른이고 아^{아이}고 할 것 없이 논 만들러 나갔다. 원래 논에는 포로수용소 만든다꼬 군인들이 돌, 자갈을 넣어 다진 기라. 그걸 전부 지게로 져서 옮깃지. 물이 차야 벼를 심제? 땅을 전부 평평하거로 골랐다. 전부 손, 발로 했지. 날이면 날마다 이빨 꼭 깨물고 죽을 각오로 농토를 일궜다. 큰논골, 작은논골 논들이 그리 다 안 생깃나! 울 아들 처음으로 쌀밥 믹일 때를 우찌 잊겠노?"

같은 섬 다른 삶, 호두마을

같은 섬이라도 호두마을 주민들은 다른 삶을 살았다. 호두마을에도 용초마을과 마찬가지로 강제 철거령이 떨어졌다. 그나마 다행인 점은 용초마을과 달리, 1년 후인 1953년 7월 강제 철거령이 내려진 점이다. 정든 고향에서 쫓겨나 피난민 아닌 피난민 신세가 된 이웃 용초 주민들의 참혹한 삶을 똑똑히 목격한 호두마을 주민들. 1년이란 시간은 두 마을 주민들의 운명을 갈라놓았다.

왜 용초마을 주민들이 떠날 수밖에 없었는지부터 수소문했다. 이유를 알고 보니, 수용소 포로들과 접선 내통할 염려가 있다는 것이었다. 참으로 어처구니 없고 분노가 치밀었다. 하지만 살길을 찾아야 했다. 그래서 호두마을 주민들은 운하를 파고 성벽을 쌓아 포로수용소와 마을을 단절시켰다.

먼저 호두마을과 포로수용소 경계 사이에 길이 115미터, 폭 20미터에 이르는 운하를 파기로 결심한다. 전 주민이 동원돼 장맛비와 세찬 비바람을 맞아 가며 돌밭과 바위투성이인 땅을 파냈다. 하지만 운하공사는 도저히 불가능했다. 다시 호두마을 주민들은 거대한 석축 성벽 쌓기에 나섰다. 산등성이를 따라 길이 77미터, 해변 쪽은 길이 15미터로 도합 92미터, 높이 3미터, 폭 3미터에 달하는 규모였다. 하지만 호두마을 주민들은 '고향에 살 수만 있다면 무슨 짓이든 하겠다'는 집념으로 손발이 닳고 어깨와 허리에 피멍이 잡히도록 억척스럽게 일했다.

마침내 석축 성벽 쌓기에 성공했다. 이렇게 마을을 지킨 지 2년. 1955년 3월 20일자 포로수용소가 철수함에 따라 호두마을 주민들은 고향 섬을 그대로 지킬 수 있었다. 김부현(79) 호두 전 이장의 증언이다. "우리 더러 나가래. 용초마을이 바로 이웃 아이가. 섬에서 쫓기나모 우찌 되는지 우리가 봤다 아이

가. 안 쫓기날라꼬 용을 썼지. 그래 갖꼬 협상을 한기라. 포로수
용소 당국에서는 '섬을 잘라라!' 이리 요구를 한기라. 운하를
만들어서라도 섬에 남아서 살아 볼라캤지. 운하 파는 거는 도
저히 안되는 기라. 그래서 '성을 쌓을꾸마'하고 역제의를 한기
지. 저쪽 비랑^{벼랑} 보이제. 그 비랑에서부터 산성을 쌓았다 아이
가. 얼매나 높았다꼬. 그 산성이 바다 속에까지 가로질렀지. 그
산성 너머로는 포로수용소 철조망이 쳐지고 초소도 세우고.
그 덕분에 우리 호두 사람들은 안 쫓겨난기라."

전쟁의 끝, 바다에서 찾아낸 것

전쟁은 용초도 주민들에게 지울 수 없는 깊은 상처를 남겼다.
그럼에도 용초마을 주민들은 어떻게든 섬으로 다시 돌아오려
고 애썼고, 호두마을 주민들은 섬에서 쫓겨나지 않기 위해 갖
은 애를 썼다. 아무리 아픈 기억이 가득한 섬일지라도 그곳이
그들의 고향이고 삶의 터전이기 때문이다. 그렇게 돌아온 섬
이지만 전쟁의 영향으로 환경은 척박했고 강냉이죽과 톳밥으
로 겨우 연명할 만큼 부엌 사정은 어려웠다. 하지만 아픔을 공
유하며 더욱 끈끈해진 마을 주민들은 용초도에서 함께 살아

날 방도를 궁리했다. 그 결과, 용초마을은 척박해진 땅을 다시 비옥하게 살리는 것에 주목하였고, 호두마을은 땅보다 바다에서 살길을 구했다.

원래부터 호두마을은 갯바위며 물속 덕 ^{수중암초지대} 이 많아 자연산 미역을 생산했다. 호두마을 사람들은 미역 양식에 눈을 돌렸고 수차례 실패 끝에 마침내 미역 대량 생산에 성공했다. 그리고 호두마을은 1960년대부터 '호두하면 미역'이랄 정도로 미역 양식으로 호황을 누렸다.

호두마을의 미역밭은 용초도 앞바다는 물론 맞은편 추봉도, 죽도 일부 해안, 대덕도, 소덕도 일대까지 닿아 있다. 덕분에 호두사람들은 미역의 품질이나 생산량에 대한 자부심이 대단하다.

미역 생산 시기는 11월부터 이듬해 3월. 미역이 부드러운 11월에서 2월까지는 물미역을 생산하고, 2~3월에는 미역을 말려서 내다 판다. 덕분에 11월에서 이듬해 2월까지는 호두 앞바다에서 어른 키를 훌쩍 넘는 미역을 끌어올리는 풍경이 이어진다. 물미역은 강한 햇빛을 받으면 흐물흐물해지기 때문에 호두 사람들은 새벽 일찍 채취한 미역을 천으로 덮은 채 오전 중에 통영항으로 직송한다. 이게 바로 싱싱하고 질 좋은 호두 미역의 비결이다.

반면 미역이 빳빳해지는 2~3월이면 호두마을에서 폐교된 한산초교 용호분교까지 해안길 수 킬로미터에 빨랫줄처럼 기다란 줄이 이어진다. 이 줄에는 방금 바다에서 건져 올린 미역을 말린다. 하루 이틀 말린 미역은 다시 호두 뒷등 몽돌해변에 펼쳐 일광욕을 즐긴다. 맑은 바닷물과 신선한 바람, 그리고 오염 없는 공기, 따사로운 햇살은 호두 미역을 전국 최고의 명품으로 만드는 일등공신이다.

선대부터 미역 양식에 종사한 정한견(64) 씨는 "호두 미역은 맛과 향에서 전국 최고다. 통영은 물론 마산, 여수 상인들까지 호두 미역을 사기 위해 몰려들었다. 기장을 제외한 부산 서부는 물론 하동, 산청 같은 지리산 골짜기까지 경남에서 묵는 미역은 얼쭉 호두끼라고 보모 된다"고 자랑한다. 적게는 연간 3~5천만 원, 많게는 1억 원이 넘는 소득을 올리니, 만나는 호두마을 사람들마다 미역 자랑이 빠지지 않을 만도 하다.

미역하면 제일 먼저 떠오르는 장면은 아이를 낳은 임산부가 미역국을 떠먹는 장면이다. 미역은 옥소와 칼슘이 다량 함유되어 혈액의 순환을 좋게 하고, 깨끗하게 해주므로 산모의 산후 회복을 빠르게 한다. 그래서 미역은 산모의 해산식^{解産食}으로 절대 가치를 지녀왔다. 조선시대에는 어땠을까? <자산어보>에는 미역을 '해대 ^{海帶}'라고 기록하고 있다.

길이는 열자 정도로서 한 뿌리에서 잎이 나오고 그 뿌리 가운데에서 한 줄기가 나오고, 그 줄기에서 두 날개가 나온다. 그 날개 안은 단단하고 바깥쪽은 부드러우며, 주름이 도장을 찍은 것과 같다. 그 잎은 옥수수잎과 같이 비슷하다.

뿌리의 맛은 달고 잎의 맛은 담담하다. 임산부의 여러 가지 병을 고치는 데 이보다 나은 것이 없다.

본초강목(本草綱目)에는 해대(海帶)를 먹으면 성장을 재촉하고 부인병을 고친다고 했다.

용초도에선 해산미역을 해산 2~3개월 전부터 준비한다. 미역 가운데에서도 넓고 긴 것을 골라 잘 싸서 정한 곳에서 매달아 둔다. 쌀 역시 제일 좋은 쌀을 골라, 돌과 뉘, 싸라기 등을 없애고 자루에 넣어 미역과 같이 높은 곳에 얹어 둔다. 이와 같이 미리 준비해 정성을 들이는 것은 부정한 사람의 손에 닿지 않기 위해서이다.

해산이 임박하면 할머니는 정갈한 상에 깨끗이 고른 해산미 解産米 를 한 그릇 담고, 정화수 한 그릇을 떠놓는다. 또한 미역을 상 위에 길게 얹고는 삼신에게 바쳐 손을 비빈다.

"비나이다. 비나이다. 순산시켜 주시기를 비나이다."

이윽고 아기가 나오면 목욕을 시키고, 상 위에 놓았던 쌀과 미역으로 첫 밥을 지어 산모에게 준다. 대게 세이레까지는 꼭 먹어야 한다.

예나 지금이나 호두 사람들은 아이 낳은 산모에게 해산미역국을 정성껏 끓여 먹인다. 호두마을 박미자(58) 씨가 해산미역의 효과를 설명한다.

"저도 아를 낳고 해산미역국을 묵었어예. 미역을 두 단은 묵었시깁니다. 아를 낳으면서 생긴 어혈을 푸는 기라요. 사람 몸 70%가 물이라고 안합니까. 미역국을 낄이^{끓여} 묵으모 사람 몸에 생긴 핏덩어리를 몸 밖으로 배출해 주고, 몸속의 물을 싹 바꾸는 기라요."

전순자(59) 통영시 호두보건진료소장은 "고래는 산달이 되면 미역밭을 찾는다. 새끼를 낳고 나면 어혈을 풀어주고, 상처도 회복해야 하는데, 가장 중요한 성분이 요오드다. 흔히 아까징끼라고 해서 상처가 났을 때 바르는 약의 주요 성분이 바로 요오드이다. 그래서 호두 미역밭에선 고래가 종종 목격됐다고 한다"고 전했다.

보통 서울 사람들은 미역국에 소고기를 넣어 미역국을 끓여 먹는다. 하지만 통영 사람들, 특히 호두사람들은 생선을 넣어 미역국을 끓인다. 앞바다는 파도가 잔잔하고 모래밭이 많고 뒤편은 파도가 거칠고 여^{물속에 잠긴 바위}가 발달한 호두에는 유난히 노래미, 낭태, 도다리, 감성돔 같은 미역국에 들어가는 생

선이 많이 잡힌다.

박미자 씨는 "낭태가 들어간 미역국은 국물 맛이 제일로 시원하지요. 노래미와 감성돔이 들어가모 맛이 진하고요. 역시 봄에는 도다리가 맛있지요. 생선을 넣고 미역국을 끼릴 때는 물을 팔팔 끼리 갖고 생선을 넣어야 살이 찰지고 꼬십니다"라며 맛있는 미역국 끓이는 비결도 살짝 공개했다.

호두 사람들의 미역 요리는 무궁무진하다. 호두 사람들은 콩나물과 미역을 무친 음식을 '설치'라고 부른다. 콩나물이나 무나물을 국물 걸쭉하게 만들어 낸 뒤에 미역과 무쳐낸다. 박미자 씨는 "옛날에는 추석하고 설, 그라고 제사에 맞춰 콩나물을 줬십니다. 날짜를 계산해 갖고 콩나물을 키아는 기지요. 설치는 이렇게 키운 콩나물을 살짝 데쳐 갖고 식카요 식혀요. 따로 양념을 해놓은 미역하고 섞어서 한데 무치는 기지요. 얼마나 시원하고 개운하다꼬요"라며 입을 다신다.

풋마늘이 날 때는 풋마늘을 초고추장에 버무려 미역과 무쳐서 먹는다. 마늘과 미역을 같이 먹으면 마늘 특유의 진한 향을 잡아주기 때문이다.

미역귀를 기름에 튀겨서 설탕을 뿌려서 먹는 미역귀 부각도 맛있다. 마지막에 설탕을 뿌리는 이유는 예전에는 설탕이 귀해서 손님에게 귀한 음식, 별식으로 내놓는다는 의미와 미역귀가 타면 쓴맛이 나는데 설탕의 단맛이 이를 보완해 주기 때문이다. 미역귀 부각은 반찬도 되지만, 입이 심심할 때 심심풀이 간식으로 즐겨 먹는다.

깨끗한 미역은 그대로 물에 벌려 미역의 넓은 쪽을 쌈만큼 잘라서 고추장 또는 초장을 찍어 싸 먹는다.

푸르디푸른 바다를 배경으로 삼단 같은 미역이 말라 가는 호두마을. 전쟁의 상흔과 가난 속에서 미역은 호두마을 사람들에게 생명줄과 같았다. 짭조름한 미역 향과 함께 "하나 묵어 보이소" 하며 미역귀를 건네는 섬 아낙의 인심이 오물오물 오래도록 입안에서 감돈다.

세월이 흘러도 남아 있는 아픔의 흔적

용초도 포로수용소에서 국제연합군과 국군이 철수한 지 60
여 년이 지났다. 하지만 용초도 곳곳에는 당시 현장을 생생하
게 보여주는 흔적들이 남아있다. 용초도 산봉우리에 남아있
는 포로감옥과 물저장소가 대표적이다. 포로감옥은 약 260
제곱미터 크기인데, 두께 30센티미터, 높이 2.5미터 돌벽으

로 쌓았다. 여덟 개 방 돌벽 곳곳에는 철근과 못이 군데군데 박혀 있다.

주민들은 "미군들한테 저항한 포로들을 가둬 놓은 곳이다. 벌 준다고 밥도 안 주고 굶겨 죽인 곳이란 말도 있다. 얼마나 튼튼하게 지었는지 철근을 빼내려고 망치로 두들겨도 끄떡도 안 한다. 인민군이 죽어나간 곳이란 소문 때문에 지금도 날이 어두워지면 어른들도 여기 오는 걸 무서워한다"고 입을 모았다.

감옥에서 50미터 남짓 위에 있는 물저장소는 1000세제곱미터 크기의 타원형 콘크리트다. 깊이는 5미터. 콘크리트와 자연석을 혼합해 만든 콘크리트 벽은 60여년 세월 속에도 여전하다. 사다리를 타고 내려서면 어른 키의 몇 배나 되는 높이에 그 규모가 더욱 실감난다.

박창인 할아버지는 "원래는 재너머 논골에 저수지가 있는데, 그기에서 펌프로 물을 보내 저장한 기라. 포로들만 믹인 기 아니라 국군도 국제연합군도 묵었지. 이곳 말고도 나무를 짜서 엄청나게 큰 저장탱크를 만들었는데, 그건 세월이 가면서 썩어 없어졌다. 저 물탱크는 콘크리트가 하도 여물깨 지금도 남아있다"고 설명했다.

최근에는 자연석으로 만든 '포로수용소 표지석'이 발견돼

관심을 모으고 있다. 높이 1.5미터, 폭 1미터 남짓한 자연석에는 음각으로 'ESTABLISH IN 1952 新設'라고 새겨져 있다.

바로 용초도 포로수용소가 1952년 설립됐음을 보여주는 직접적인 증거다.

"우리 밭 바로 위에서 염소들이 풀을 뜯어먹다가 이걸 발견했다. 다른 건 몰라도 '1952'라는 숫자는 용초도 포로수용소가 들어선 해이기에 딱 알아봤다."

처음 이 표지석을 발견한 김하수(72) 할아버지는 이어서 포로수용소에 대한 바람을 전했다.

"6·25전쟁이 끝난 지 60여년이 지났지만, 용초도 주민들의 가슴 속에는 그때의 말도 못할 상처가 그대로 남아 있다. 말로 하모 뭐 하겠노. 이제라도 정부가 무신 보상을 해줄끼가. 나이 많은 어르신들이 다 가시기 전에 보상이 나오모 제일 좋겠지만은 그건 바라지도 않는다. 거제포로수용소는 유적 공원이 됐다 아이가. 우리 용초도에는 포로감옥도 있고, 물저장소도 있고, 이리 포로수용소 표지석도 나왔는데, 이대로 쑥대밭으로 방치할끼가. 용초도 포로수용소를 근대문화유산으로 지정해 주는 기, 60년 용초도 주민들의 한을 푸는 기다."

용초도가 겪은 전쟁의 상처는 아직까지 이어지고 있지만, 역설적이게도 전쟁을 계기로 마을은 끈끈한 하나의 공동체가

되었다. 그들이 모두의 생존과 삶을 위해 발달시킨 미역 양식
과 곳곳에 남은 전쟁의 잔해. 전쟁은 아픈 기억이지만 전쟁을
말미암아 태어난 용초도의 문화는 반드시 기록해 두어야 할
유산임에 틀림없다.

섬 부엌에서 만난 사람들
학림도, 죽도, 용초도 편

지금은 사라진 할만네에 대해 설명하고 있다.

용초도 포로수용소에 대해 많은 이야기를
들려주신 박창인 할아버지.

대모의 부채에 지전을 올리는 죽도마을 주민들.

큰시미에서 조개를 캐는 학림도 주민들.

차가운 바닷바람에 옷을 여미고 미역을 너는 용초도 주민.

Part 5

그
섬
어
머
니
의
부
엌

도시에서 시작한 개발의 바람은 넓은 바다를 건너 섬까지 넘어왔다. 보드라운 흙 사이로 푸른 들꽃이 피어 있던 돌담길에는 시멘트가 깔렸다. 섬의 풍경도, 그곳에 사는 사람들의 모습도 변했다. 이 가운데 가장 많이 바뀌고, 사라진 것이 우리네 전통이다. 미신이라는 명목 아래 사라진 수많은 전통들, 과연 전부 없애야만 하는 저급한 문화였을까?

옛 선조들은 여러 신이 한 집안을 보호한다고 믿었다. 성주신은 집안을 보호하는 신이다. 불을 다루는 부엌에는 조왕신, 우물에는 용왕신, 그리고 장독에는 철융신, 화장실에는 측간신이 주재했다. 그래서 식구들이 서로 다투면 성주신이 노하고, 부엌을 깨끗이 하지 않으면 조왕신이 화를 내고, 장독대 관리를 소홀히 하면 철융신이 노해 장맛을 변하게 한다고 믿었다. 새벽 일찍 정화수 한 그릇을 떠 놓고 가족의 건강과 무탈을 간절하게 비는 어머니의 모습은 우리가 기억하는 가장 대표적인 어머니의 모습일 것이다. 이러한 전통을 단순히 개인을 위한 기원 행위라고 치부해야 할까? 사라진 성주신 문화와 수많은 마을제들, 그것들은 모두 개인이 아닌 가족과 공동체를 위하는 어머니의 애틋한 바람이 밖으로 드러난 것이었다.

"성주신이 바로 이 집 주인인깨, 지극정성으로 모셔야지. 예전에는 다른 집도 정성껏 모시던데 마이 없어졌더라. 성주를

잘 모셔야 집안일도 잘 되고, 자슥들도 잘 큰다. 지금도 명절에
는 밥 한 그릇, 나물 한 그릇 올리지. 통영이나 멀리 나갈 이리
있으모, 성주한테 보고부텀 올리고, 그래야 구버 살펴 주시지.
방구들 때는 불도 부엌에서 다루니, 조왕신이 살펴 주셔야지.
내는 장독에는 안하고, 새미^{작은 우물}에는 빈다. 우리 집에는 새미
가 있다. 참 맑제. 섬에는 새미 있는 집이 드물다. 지금이야 상수
도 묵는다지만, 예전에는 물이 참 귀했다. 그믐날 저녁에 부엌
조왕솥하고 새미에는 촛불을 밝힌다. 지금도 그란다. 그래서
그란지 동네 새미는 말라도 우리 집 새미는 마른 적이 읍다."

　자식들 잘되라는 마음으로 성주와 조왕신, 용왕신을 모셔
온 60년 세월. 두미도 김신애(84) 할머니의 부엌에는 사라져야
하는 미신이 아니라 그 무엇보다 위대하고 높은, 그래서 반드
시 지켜야만 하는 어머니의 깊은 사랑이 담겨 있다.

두미도

·

도
다
리
쑥
국
한
그
릇

두미도 남구. 큰 포구인 구전마을에서 청석마을을 넘어갈까 말까 망설이다 오른 고갯길. 저만치 어머니께서 고개를 넘어오신다. 얼핏 보아도 일흔을 넘긴 듯한 어머니. 점점 가까워지니 어깨에 짊어 멘 등짐이 눈에 들어온다. 대구에 사는 딸 줄 거라고 바리바리 싼 등짐. 얼른 등짐을 내 어깨에 대신 지고 고불고불 고갯길을 걸어 넘는다.

"뭐가 들었심니까?"

"응. 봄에 약이 되는 쑥 캐서 넣고, 지난 가을에 따 놓은 호박을 가마솥에 다리서 넣고, 참지름 조금 하고, 갯가에서 뜯어 말린 김 몇 장 넣었다."

초보 등짐꾼이 멘 등짐은 흔들흔들, 한쪽으로 기우뚱하기 일쑤다. 그때마다 어머니는 나를 불러 세워 놓고, 어깨끈을 새로 매어 주신다.

"열 살만 젊었어도 내가 들긴데……. 힘들겄다. 괘안나?"

제 자식 챙기듯 염려해 주신다. 청석마을에서 여객선이 닿는 구전마을까지는 걸어서 20분 남짓. 등짐을 진 걸음, 이내 이마에 땀방울이 송글송글 맺히더니 얼굴까지 불그락해진다. 구전마을 포구가 훤히 보이는 마지막 고개에서 어머니께 여쭙는다.

"자식이 몇이나 됩니까?"

"응, 일곱. 대처^{도시}에서 공부시킬 욕심에 너무 일찍 내보냈어. 조금이라도 더 이 어미 품 안에 품었어야 하는데 그러질 못했어. 이리 섬에서 나는 거 몇 개라도 보내는 걸로 죄 갚음 하는 기라."

어머니의 등짐은 이번 한 번이 아니다. 아니 한 해, 두 해가 아니었다. 여객선이 닿는 통영으로, 삼천포로, 혹은 부산으로 내보낸 자식들에게 평생 등짐을 짊어지고 철마다 두미도에서

나는 먹거리를 싸 보냈다. 비록 이 날의 만남은 짧은 만남이었
지만 등짐을 멘 어머니가 계속 눈에 밟혀 한 달 뒤, 다시 두미
도를 찾았다.

　지난 번 봤을 때, 집을 보아 둔 터. 여객선이 두미도에 닿자
마자 청석마을까지 고개를 단숨에 넘어갔다. 마침 어머니께서
는 집에 계셨다. 어제 저녁 늦게까지 뜯어온 가시리파래를 말
리는 중이셨다.

"밥은 묵었나?"

"아직이요."

통영항에서 오전 6시 50분 출항하는 여객선을 허겁지겁 탄 탓에 오전 9시가 넘도록 아침 요기를 못했다.

"조금만 기다리라. 아무리 일이 바빠도, 내 자식 겉은 니 밥은 믹이야지."

그 길로 어머니께서는 부엌으로 들어가신다. 겨우 두 번 만난 손님을 위해 아침을 차리시는 것이다. 두미도 아침 밥상엔 무엇이 나올까? 궁금함에 가만 부엌으로 들어가 보니, 불을 때는 아궁이와 음식을 요리하는 가스레인지가 각각 자리를 잡고 놓여 있다. 그야말로 통영 부엌의 변천사다. 여기에 석유 화로만 있으면 아궁이, 석유 화로, 가스레인지로 변하는 밥 짓고 음식 하는 조리 도구의 변화를 한눈에 볼 수 있을 듯싶다.

아궁이 앞에 선 어머니의 손에는 어느새 제법 두툼한 도다리 한 마리가 들려 있다. 두미도 사람들은 명절이나 제사를 앞두면 처마 밑 그늘진 곳이나 빨랫줄에 도다리 몇 마리씩은 걸어 놓는다. 성큼 성큼 문밖으로 나선 어머니는 텃밭에 주저앉으시더니 쑥을 뜯기 시작한다.

"쑥이 제법 굵어지긴 했어도 아직은 결이 보드랍다. 도다리 쑥국 끼리기에는 딱 좋을 끼다."

도다리 비늘을 능숙한 솜씨로 쳐낸 뒤, 몸통을 몇 조각으로 나누어 자른다.

"니는 몸통 묵거라. 남자가 힘을 쓸라카모 든든하게 묵어야 한다. 내는 머리가 좋다. 머리 자른 거는 나중에 내 끼리 묵을 꾸마."

세상 모든 어머니는 늘 이런 식이다. '내는 머리가 제일 맛나다'고. 어두육미 魚頭肉尾. 남편과 자식을 위해 생선은 머리가, 고기는 꼬리가 제일 맛있다는 어머니들.

잘라낸 도다리를 맑은 물에 두어 번 헹군다.

"이 물이 두미도 천황봉에서 흘러 내리온 기다. 여기 청석이 지금 이래서 그렇지, 예전에는 학생만 100명이 넘었다. 그기 다 천황봉에서 물이 마이 내리 온 덕분이고, 다른 섬하고 다리게 논하고 밭이 많아서 아이가. 다 천황봉 덕분이다."

어머니는 468미터로 통영 최고봉인 두미도 천황봉에 대한 자부심이 대단하다.

"우짜노! 쌀뜨물이 없다. 올 끼라꼬 연락을 해줬시모, 쌀뜨물을 남기 났실긴데. 도다리쑥국엔 쌀뜨물이 들어가야 국물이 꼬시면서 시원하다 아이가."

쌀뜨물 대신 천황봉 맑은 물을 냄비에 붓는다. 물이 끓기 시작하자 된장을 풀어 넣는다. 그런데 된장을 푸는 게 한두 숟가락이 아니다. 보통 도다리쑥국은 맑은 지리처럼 끓이는데, 어머니의 도다리쑥국은 된장국에 가깝다. 걱정스런 표정을 읽으신 걸까?

"도다리쑥국에는 된장이 들어가야 한다. 도다리가 아무리 비린내가 안 난다 캐도, 된장이 들어가야 잡내가 안 난다. 오늘 된장 푼 도다리쑥국 한번 묵어 봐라."

도다리쑥국이 끓는 동안, 어머니는 부엌과 안방을 몇 번이나 더 오간다. 그때마다 밥상에는 어머니가 지난겨울 직접 뜯어 말린 김이며 가시리파래무침이 자꾸만 올라온다. 마침내 밥상이 차려진다. 어머니가 차린 밥상. 쉽게 첫 숟가락을 뜨지 못하고, 한참 밥상을 쳐다본다.

"와 그라노, 맛이 웂나?"

어머니는 입맛에 맞지 않을까봐 걱정스런 눈빛이다. 그게 아니다. 섬에서, 겨우 두 번 만난 객에게 밥상을 차려주시는 어머니의 마음 씀씀이에 가슴이 먹먹해서다.

"잘 묵었심니다. 도다리가 살이 쫄깃쫄깃합니다."

이날 먹은 도다리쑥국은 지금껏 먹은 도다리쑥국 가운데 최고로 맛있었다. 진심을 담아, 감사의 뜻을 전했다.

"도다리가 운제 납니까?"

"지금이 도다리 제철이지."

어머니의 설명에 따르면 두미도에는 도다리를 잡는 도다리 철이 두 번이다. 첫 번째는 음력 10월~이듬해 1월(양력 11~2월). 산란을 위해 얕은 바다를 찾은 도다리들은 두미도와 사량도, 남해군, 삼천포 사이 바다를 찾아온다. 이때 난^卵을 가득 품고 있다고 해서 '난도다리'라고 한다.

"동짓들^{동짓달}이모, 두미도로 난을 실은 도다리들이 몰리 온다. 그때 그물코에 다 걸린다. 그라모 그물이 하얘. 도다리 배가 하얗다이가. 추도에 미기^{물메기} 들 때, 두미도는 도다리가 든다."

통영에서도 남서쪽인 두미도는 봄이 일찍 찾아든다. 그래서 음력 1월, 즉 정월에 잡은 도다리와 겨울철을 이겨내고 막 올라온 쑥으로 도다리쑥국을 끓여낸 것이다. 오죽하면 '정월 보름 전에 도다리쑥국을 세 번 먹으면 보약이 필요 없다'고 했겠는가. <동의보감>에도 '도다리는 쇠한 기운을 보한다'고 했다. 게다가 쑥은 혈액 순환을 촉진해 몸을 따뜻하게 해주는 약초가 아닌가.

두미도의 도다리 철은 3월부터 4월까지 한 번 더 있다. 최근 수산자원보호령으로 양력 1~2월의 도다리 어획을 금지하는 바람에 요즘 두미도에선 봄 도다리가 귀한 대접을 받는다.

"정월에 난을 싼 도다리는 다시 깊은 개흙^뻘으로 들어가 잠을 잔다. 새끼를 낳은 몸을 회복해야 안 되었나. 사람도 여자가 아이를 낳고 부기를 뺄라 쿠모 시간이 안 걸리나. 사람이나 물 밑 짐승이나 똑같지. 그리 잠을 자모, 3월부터는 다시 살이 통통하게 오린다. 오늘 묵은 기, 살이 제법 붙어 있제. 그기 두미도를 두 번째 찾은 도다리다."

어머니의 말씀처럼 도다리가 3~4월 뻘 속에서 잠만 자는 것은 아니다. 섬진강 물결 따라 모래와 뻘이 흘러와서 퇴적된 두미도, 사량도 일대 뻘 속에는 도다리의 먹이가 되는 유기물이 풍부하게 들어 있다. 도다리들은 이 뻘 속 유기물을 먹으면서 제 몸을 살찌우는 것이다.

"니 하마터면 날 못 볼 뻔 했다."

"왜요?"

"얼른 까시리 ^{가시리} 파래를 말리 놓고, 밭에 갈라 캤거든. 밭에 머구 ^{머위}가 천지라. 하루가 다르게 커 가는데, 못 따서 속이 바짝바짝 탄다."

"크모 맛이 없심니까?"

"머구가 너무 크모 억세고, 쓿어진다."

"그라모 지금은 뭐하실 낀데요?

"웅, 어제 뜯어 놓은 까시리파래 말리야지."

밥상을 물린 어머니는 하던 일을 계속 하신다. 물기를 머금은 가시리를 한 움큼 집어서 파래 틀에 넣고 손으로 가볍게 착

착착 두드려서 넓게 펴낸다. 그러면 파래발 네모난 모양 따라 가시리가 넓게 펴진다. 20~30장씩 쌓아 두었다가 돌담 위에 가지런히 펼쳐 놓는다.

"볕만 조으모 하루모 바싹하니 마린다. 까시리는 표면이 까실까실한데, 그리 까실까실한기 씹히는 맛이 좋은가봐. 묵고 나모 달고 입 안에 저절로 침도 돌고. 그 맛에 환장하는 사람들이 제법 된다. 그랑깨 내가 여태껏 까시리파래 만들어서 아ᅡᅵ들 공부시킷다이가."

"아까 묵었던 김이 참말로 맛나던데요."

흥을 돋우는 말이기도 하지만 진심이기도 하다. 겉은 울퉁불퉁하고, 군데군데 구멍이 쑹쑹 뚫린 자연산 김. 고소하고 달큰한 맛, 그리고 씹히는 느낌이 여느 김과는 다르다.

"니도 맛이 있더나? 나도 하도 맛있어서 내 묵을라꼬 한 톳 남가 났었다. 다른 데 김은 100장이 한 톳이제? 여기 두미도 김은 40장이 한 톳이다. 옛날부터 김이 하도 두꺼봐서 여기 김 40장이 다른 데 김 100장보다 더 두툼하다. 김을 수집하는 상인들이 두미도 김을 기가 막히게 알아본다. 덕분에 다른 데 김 한 톳 가격이 1만 원 한다는데, 두미도 김은 40장이 3만 원 한다."

"우와, 대단하네요."

"맛도 맛이지만, 몸에도 좋은 갑더라. 지난겨울에 김을 20

톳 정도 만들었는데, 욕지도에서 위장병이라 카더나 위장암이라 카더나, 하여튼 위장이 안 좋은 사람이 '돈은 얼마든지 줄 테니 제발 파이소' 하더라꼬. 내는 원래 팔기로 한 사람이 있어서, 줄 수도 없고 참 난처했다. 알고 보니, 내 껄 산 상인이 위장 아픈 사람에게 되팔았다카데. 내 김 묵고 몸 낫으모 좋겠다."

실제로 김은 자연이 인간에게 준 선물이다. 겨울에 채취한 김은 혈전 중의 콜레스테롤을 저하시키고 혈전의 형성을 방지, 심근경색을 예방하는 효과가 있다. 콜레스테롤은 소장에서 담즙산과 만나 체내로 흡수되는데, 김에 풍부한 식이섬유는 콜레스테롤과 담즙산의 합성을 막는 작용을 한다. 즉, 콜레스테롤이 체내에 흡수되어 축적되지 못하고 그대로 체외로 배출될 수밖에 없다는 것이다. 게다가 식이섬유는 대장에 있는 발암물질까지 흡착해 배설시킴으로 대장암을 예방하는 효과까지 들어 있다. 김 100그램에 들어있는 식이섬유의 함유량은 양배추의 16배 이상, 그리고 귤보다 무려 30배 이상 많다고 한다. 결국 두미도 김을 그토록 애타게 찾은 것은 건강 회복에 꼭 필요한 영양을 섭취하는 과학적인 이유도 있었던 것이다.

일하시는데 자꾸 방해만 되는 것 같아 자리를 털고 일어선다. 그런데 마루 그늘 사이에서 뭘 꺼내 주신다. 가시리파래와 김 몇 장이다.

"우리 아들한테 내일 부칠라꼬 모아둔 긴데, 가져가라."

"놔 두이소."

"지난번에 우리 아들한테 '어떤 젊은이가 등짐을 대신 메줬다' 쿤깨나 '은혜를 우찌 갚노' 카더라. 고마 가져가라. 그래야, 내 맘이 편타."

자꾸만, 자꾸만 퍼 주고서도 모자라는 어머니의 마음이다. 돌아서는 길 어머니 이름을 여쭙는다.

"나, 장차순이여. 두미도 장차순."

돌담으로 엿보는 조상의 지혜

두미도는 유독 바람이 많이 부는 섬이다. 겨울철 부는 갈바람^{북서계절풍}이나 봄철 바람이 바뀌면서 부는 샛바람^{동풍}은 두미도 주민들에게 과히 공포에 가까울 정도로 두려움의 대상이다.

박만점(79) 할머니는 말한다.

"멧돼지가 제 아무리 설쳐도 겁이 안 난다. 귀신도 도깨비도 숱하게 봤지만 겁이 안 났다. 제일 무서운 건 바람이다. 바람이 불모 집이 통째로 날리간다. 우리 집만 해도 지붕을 세 번이나 새로 지어 올릿다. 요즘 같은 세상에도 강풍주의보가 내리

모 마을회관으로 피신을 가야 한다. 아무리 맛난 묵을 것도, 아무리 비싼 건물도 다 소용이 웂다. 바람 불모 다 날리간다. 마을회관에 피신을 갔다가 돌아왔을 때 지붕이 붙어 있으모 그중에 제일 다행이제. 지붕이 날랐다가하모 가재도구고 뭐고 남아 있는 기 있나. 바람 앞에 사람은 작은 존재여, 작은 존재."

바람이 두려운 사람들은 돌담을 높이도 쌓아 올렸다. 아이 키를 넘어선 돌담은, 어른 키를 훌쩍 넘어섰다. 그 돌담은 다시 어른 두세 명을 합친 키 높이보다도 높아졌다. 그래서 두미도를 처음 방문한 사람들은 집집마다 높디높은 돌담에 감탄하느라 입을 다물지 못한다. 물어물어 돌담 쌓는 기술자인 김종열

(85) 할아버지를 찾아뵈었다.

　"돌담을 잘 쳐다봐라. 아랫돌은 크고, 위로 올라갈수록 작아지제. 거꾸로라고 생각을 한번 해봐라. 아래가 작고, 위가 커모 바로 우르르 무너지겠제?"

　"네, 이치가 딱 그렇네요."

　"돌담에는 홑담과 겹담이 있다. 그란데, 겹담보다 홑담이 더 안 무너진다. 와 그란 줄 아나? 그거는 홑담에는 바람 구멍이 숭숭 뚫려 있기 때문이다. 돌 사이로 바람이 빠져나가니깐, 돌담이 안 무너지는 기라. 돌을 두 번, 세 번 맞물려서 쌓은 겹담은 바람 구멍이 덜하제. 그란깨나 바람이 잘 안 통하지."

　"집집마다 저리 높은 담을 쌓을라쿠모 이웃끼리 서로 도와야겠네요."

　"아무래도 젊은 사람들이 돌을 들어 주지. 그라모 나이가 많고 노련한 사람이 돌 모양을 보고 서로 이를 딱딱 맞추는 기라. 그기 기술이라. 시멘트 담하고는 천지 차이다. 시멘트 담은 미장을 해삐니까 바람이 통할 바람 길이 웂잖아. 바람이 안 통하는 시멘트 담은 바람이 조끔만 세게 불어도 통째로 넘어가삔다. 돌담은 돌 하나하나 모양새를 보고 엇박자로 쌓아 올린깨 바람이 통한다. 자연석이 하나같이 모양이 다른깨나, 더 좋지."

"잘 쳐다보모, 담 높이하고 지붕 처마 높이가 엇비슷합니다."

"그기 기술이라. 담이 높으모 바람이 덜 통한깨나 여름철에 집이 덥겄제. 지붕이 높으모 우짜겄노. 바람이 조끔만 불모 지붕이 훼딱 날라가삐는기라. 그란깨나 돌담하고 지붕 높이를 엇비슷하게 맞춘 기지."

"자세히 보모, 돌담마다 직사각형 모양으로 바람 구멍이 있는데요, 저기 뭡니까?"

"물 빠져 나가는 수채다. 천황봉이 산이 높고 골이 깊으니까 비가 오모 집에 물이 한꺼분에 마이 채인다. 그때 큰 수채구 멍이 있으모, 아무래도 물이 잘 빠지겄제. 여름철이모 그리로 바람이 술술 들어오는데, 얼매나 시원타꼬."

"아무리 봐도 신기한 게, 담 아래에서 보모 어른 두세 명 키 높이가 넘는데, 막상 집에 들어가 보모, 조모들이 얼굴만 살짝 들모 바다가 보일 정도 높이밖에 안됩니다."

"두미도 지형을 한번 봐봐라. 산이 높고 험하제. 마을에서 바다까지도 마찬가진기라. 웃집하고 아랫집 높이가 한참 차이가 안나나. 섬 지형에 맞춘 기지."

최근에는 두미도 역시 돌담집에서 시멘트 블록 담장집이 늘어나고 있는 추세다. 그런데 시멘트 블록 담장집 역시 담장 곳곳에 블록 몇 개씩을 빼고 바람 구멍과 수채를 만들었다. 시대는 변했지만 '바람과 물이 통해야 산다'는 선조들의 지혜를 두미도 사람들은 이어가고 있다.

두미도에는 돌담만 많은 게 아니다. 돌로 만든 절구통도 많다. 두미도에는 예로부터 푸른 돌 청석 靑石이 많이 났다. 청석은 다른 돌에 비해 재질이 물러 가공하기 좋아 돌절구, 맷돌 등 실생활용품을 만들었다. 두미도에는 마침 '청석'이란 지명이 있다. 그런데, 실제 청석으로 돌절구며, 맷돌을 만든 곳은 '돼지강정'이란 마을이다.

정평익(76) 어르신의 설명이다.

"청석에도 푸른 돌이 많이 나지만 거기는 바람이 많이 불고 파도가 많이 쳐서 배를 못대는 기라. 반면에 움푹 들어간 돼지강정에는 바람도, 파도도 약해서 배를 대기가 좋았지. 얼매나 도구통 절구통을 마이 맹그는지, 아예 화약을 폭파해서 커다란 바위를 쪼갰다. 그걸 정으로 쪼고, 또 쪼아서 도구통을 맹글었다. 가내 수공업이라. 주로 황현표나 황산세 같은 황씨들이 마이 맹글었지. 그 사람들은 그걸 실고는 풍선을 타고 남해하고 삼천포, 통영 시내며 거제도로 내다 폴았지. 그 덕에 두미도에서는 돼지강정 사람들 살림 형편이 제일 좋았다꼬. 그래서 이런 말이 있제. '돼지강정 살림집은 열이요, 술집은 열두 집이라' 무신 말인고 하모, 사람 사는 집은 열 집밖에 안 되는 데, 술

집이 두 집이 더 많다는 거라. 그때 돼지강정 사람들은 도구통 덕분에 술 사묵을 만큼 돈을 쥐고 있었거든. 한 편으로 생각해보모, 그만큼 일이 중노동이니, 술을 안 마시고는 못했겠지."

정평익 어르신의 안내를 받아, 돼지강정이며 북구마을 곳곳을 가보니, 참으로 돌절구가 많기도 많다. 한 집에 기본이 두세 개씩이다. 오늘날에야 사용처를 잃은 돌절구들은 대문의 장식으로, 상추와 푸성귀가 자라는 작은 밭으로 쓰이고 있다. 더러는 돌절구 몸통에 줄을 매어 지붕이 바람에 날아가는 걸 막고 있다.

사라져 가는 것을 되살리려는 노력

통영 섬을 찾아 나선 지 6년 남짓. 예전에는 '10년이면 강산이 변한다'고 했는데, 요즘에는 5년이면 강산이 변한다. 특히 섬을 지키던 동제와 섬학교가 자꾸만 사라지고 있다. 두미도 역시 그 위기에서 벗어날 수 없었다. 하지만 그것으로 끝이 아니었다. 인구가 줄면서 사라졌던 동제를 다시 부활시킨 것이다. 이 동제는 뿔뿔이 흩어졌던 주민들의 마음을 다시 하나로 모으는 계기가 되었다. 정성구(56) 씨가 설명한 동제 부활의 배경이다.

"두미도에서 제일 큰 남구하고 북구를 연결하는 도로를 맹글었어요. 도로 사업 하면서 오래된 나무하고 큰 바위를 많이 깼어요. 이래저래 훼손이 마이 됐지. 어디 훼손된 기 자연뿐이겄십니까. 사람들 마음도 뿔뿔이 흩어졌지. 그래서 2007년부터 동제를 다시 시작했지요. 일 년에 한 번이라도 동네 사람들이 한꺼분에 모이니까 옛날 같이 돌담 쌓던 생각도 나고, 같이 학교 다니면서 어울려 놀던 추억, 진달래며 산벚꽃 피는 봄날이면 천황산 꼭대기까지 온 동네 사람들이 같이 올라가 노래 부르고 춤추던 기억이 납디다. 서로 함께 한 기억을 공유하는 의식, 그기 동제지요. 동제 덕분에 두미도 사람들 단합이 마이 됩니다."

일반적으로 통영의 섬들이 정월에 동제를 올리는 반면 두미도선 정월과 함께 시월상달에도 동제를 한 번 더 올린다. 흔히 뭍에서는 이 시기에 일 년 농사가 마무리 된다. 그래서 새 곡식과 과일을 수확하여 하늘과 조상께 감사의 예를 올렸다. 섬에선 좀 다르다. 시월상달 뭍의 동제나 시사가 지난 농사에 대한 감사의 표시라면, 섬의 동제는 새로운 어기漁期 어업이 잘 되길, 겨울철 바람과 파도로부터 보호해달라는 기원을 담았다.

곽창평(72) 어르신의 설명을 들어보자.

"정월 대보름달도 크지만은 일 년 중에 눈으로 볼 때 달이 제일 크게 보이는 날이 음력 시월상달이라. 밝기도 정월보다 훨씬 밝지. 게다가 일 년 중에 제일 바람이 자고, 파도도 잠잠해지는 시기가 시월상달이라, 그래서 동제를 그때 올리는 기라. 이른 말이 있다꼬. '시월상달에는 몰 끝에도 벌이줄을 맨다' 시월상달에 해초인 몰은 아직 연하다꼬. 그리 연한 몰 끝에 배를 섬하고 연결하는 벌이줄^{鼓繩}을 매도 될 만큼 바람과 파도가 잔잔하다는 의미요. 동제를 잘 올리고 나모, 도다리가 많이 잡힛지. 두미도 하모 겨울철 방석만 한 칡도다리라. 말도 못하그로 억수로 마이 잡았지. 그란깨나 동제에 참석한 우리들은 이리 빌었지. 우짜든지 칡도다리 마이 잡히고 어장 잘 되그로 해달라꼬."

이미 한 번 사라졌던 동제를 살린 두미도 주민들. 심지어 그들은 폐교 위기에 처한 섬학교마저 살려 냈다.

몇 해 전까지만 해도 명맥을 유지하던 한산초등학교 산하 비진도와 용초도의 분교가 폐교됐다. 심지어 한산초등학교와 한산중학교가 하나로 통합되기까지 했다. 두미도의 원량초등학교 두남분교 역시 폐교 직전까지 갔다. 교육당국은 '욕지도에 있는 본교인 원량초교를 다닐 수 있도록 통학비와 하숙비를 지원하겠다'는 제안까지 했다. 하지만 주민들은 자신들의 모교가 사라지는 것을 두고 볼 수 없었다. 뭍에까지 학생을 수소문했다. 마침내 두미도를 떠났던 주민이 아이와 함께 돌아오면서 두남분교는 폐교 직전에서 기적적으로 살아났다.

신태근(61) 씨는 "감사원에서 '위장전입이 아니냐'고 날 서울까지 불러서 감사를 했다. '섬의 맑은 공기가 학생의 건강에 좋다'는 의사의 소견서가 있어서, 잘 마무리됐다"면서도 "섬 학교를 돈의 가치로 봐서는 안 된다. 섬 주민들에게 섬 학교는 앞으로도 섬에서 아이를 낳을 수 있고, 아이가 자랄 수 있다는 희망이다. 섬 학교를 계속 지키고 싶다"고 말했다.

두미도는 아이들의 맑은 웃음소리로 떠들썩하다. 이 웃음소리가 다른 아이들도 섬으로 불러들이는 걸까? 두미도에는 외할아버지를 찾는 세 아이의 발길이 끊이질 않고 있다. 지난봄 '두미도에 도다리가 난다'는 소식에 새벽 여객선을 탄 날 세 아이들을 만났다. 바로 강아영(11), 한(10), 아린(7). 무슨 까닭으로 새벽 여객선을 탔을까?

"외할아버지 보고 싶어서 배를 탔지요. 엄마, 아빠는 바빠서 저희들만 두미도로 가요."

그날 여객선에서 두미도 북구 포구에 내린 이는 모두 4명. 우리가 전부였다.

"할아부지!"

"어서들 오니라."

송호종(68) 할아버지는 매서운 바닷바람도 아랑곳 않고 포구에서 아이들을 기다리고 계셨다. 외할아버지의 손을 잡은 아이들은 재너머 고운마을로 넘어갔다. 그 아이들을 따라간 고운마을에서 할아버지께 두미도에 대한 많은 이야길 들을 수 있었다.

한 번 만나면 인연, 두 번 만나면 필연이라고 하던가. 2013년 11월 16일. 두미도 모든 마을을 잇는 임도가 개통된 날, 아이들을 또 만났다. 너무도 반가웠다.

"아영아, 두미도 섬에서 어떨 때가 제일 좋아?"

"산딸기 따 먹을 때요. 외할아버지가 따 준 산딸기가 참 달아요. 시장에 파는 건 섬에서 따 먹던 맛이 안 나요. 봄마다 산딸기가, 그리고 할아버지가 생각이 나요."

"한이는?"

"할머니께서 생선 구워 주실 때요. 볼락이 제일 맛있어요. 볼락을 먹으면 입 안에서 톡톡 터지는 느낌이 들어요. 문어랑 털게도 좋아해요. 아, 지금도 털게 하얀 속살을 뜯어 먹고 싶어요. 말만 해도 침 고여요."

"그럼 아린이는?"

"저는 여름 물놀이가 좋아요. 몸에서 땀이 줄줄 흐르면 외

할아버지가 엄청 큰 수항에 시원한 물을 받아 주셔요. 아영이
언니랑, 한이 오빠랑 물놀이할 때가 제일 행복해요.”

아영이, 한이, 아린이는 ‘어제 바닷가에서 고동도 잡고 어린
톳도 뜯어 두부에 맛나게 무쳐 먹었다’고 자랑을 늘어놓는다.
그러면서 ‘아영이 언니가 물에 빠져서 엉덩이가 다 젖었다’며
즐겁게 웃는다.

외할아버지, 외할머니가 보고 싶어 섬을 찾는 아이들. 자신
들의 키를 훌쩍 넘기는 파도가 칠 때마다 요동치는 여객선을
탄, 그것도 한 시간 넘게 걸리는 바다 뱃길을 즐겁게 건너는 세
아이들의 천진난만함이 지금도 떠오른다.

두미도에는 따스함이 있다. 손님을 위해 섬에서 난 것으로 기꺼이 밥상을 차려주시는 어머니의 정과 사라져 가는 문화를 이어가려는 주민들의 노력, 섬에 퍼지는 아이들의 웃음소리가 섬을 따뜻하게 데운다. 사람들의 생활 문화를 담은 섬이라는 부엌, 그곳에서 사람 냄새가 훈훈하게 넘쳐난다. 그러니 앞으로도 손주들과 사람들이 계속 섬을 찾을 수 있도록 통영 섬 할아버지, 할머니들 만수무강하소서.

섬 부엌에서 만난 사람들
두미도 편

가시리로 김을 만드는 장차순 할머니.

돌담 너머로 할머니가 빼꼼 모습을 드러낸다.

마을 곳곳에서 그물을 손질하는 모습을 볼 수 있다.

두미도의 젊은이들이 그물을 정리하고 있다.

두미도의 마지막 학생.

Epilogue

오늘도
섬으로 향하는
배에 오른다

섬의 시간은 육지보다 조금 더 느리다. 도시의 번잡함이 없기 때문에 느껴지는 기분일 수도 있지만, 실제로도 그렇다. 십 년 세월에 강산이 변한다는 말처럼, 사람들의 삶과 문화는 시간의 흐름에 따라 끊임없이 변해 간다. 그 변화가 쌓여 전통이 되고 역사가 되는 것이다. 섬은 이러한 변화에 가장 멀리 떨어져 있고, 또한 가장 늦게 변화가 찾아오는 곳이다. 그렇기 때문에 변해가는 부엌의 모습을 찾아보기에 남도 끝, 통영의 섬들만큼 적합한 곳은 없었다.

통영에서 태어나 기자로 생활한지 16년, 통영과 거제, 고성 등 인근 지역과 섬을 발로 뛰어다니며 그곳에 사는 사람들과 만나고 그들의 바다 이야기를 들었다. 이 만남은 차곡차곡 축적되어 바다라는 터전을 기반으로 형성된 통영의 생활 문화를 이해하는 데 크게 보탬이 되었다. 그러다가 6년 전, 통영의 섬과 바다 그리고 사람들의 삶이 더 알고 싶어 통영의 44개 유인도를 찾아가기로 결심했다. 최소한 하룻밤이라도 섬에 묵으며 섬사람들의 삶에 깊숙이 다가가고 싶었다. 섬사람들의 삶에 대한 관심은 자연스레 그들의 생활과 밀접한 부엌에 대한 호기심으로 번졌고, 그들이 기억하는 부엌을 끌어내기 위해 더 자주 통영의 섬을 드나들게 되었다.

그렇지만 섬에서도 기억 속 아궁이에 불을 때는 옛 부엌을 만나기란 쉽지 않았다. 더군다나 섬에 대한 자료는 대부분 단편적일 뿐 욕지도나 매물도 등 비교적 큰 섬조차 관광 안내 책자에는 전설이나 볼거리, 즐길 거리 위주의 정보뿐이었다. 그 외의 섬은 자료도, 옛 기억을 간직한 사람도 적었다. 의욕은 앞섰지만 옛 모습을 유지하고 있는 부엌을 발견한다는 뚜렷한 성과를 내기는 어려웠다. 섬의 시간도 어느덧 세월을 따라 바삐 흘러가고 있었던 것이다.

섬에 방문객이 아니라 이웃으로 받아들여질 만큼의 시간이 흐른 후, 마침내 꿈에 그리던 부엌을 찾았다. 통영 욕지면에서도 작은 섬, 우도에는 아궁이에 불을 지피는 부엌이 남아 있었다. 등잔 밑이 어둡다고 하던가. 몇 년 전부터 제집처럼 드나들었던 파래 할머니 집에서 은은하게 붉은 불길이 타오르는 아궁이를 찾아냈다.

"보통 집집마다 아궁이가 세 개 아이가. 하나는 밥 해 묵고, 하나는 국 끼리 묵지. 그라고 소여물 끼리는 가마솥도 걸었지. 그란깨나 아궁이도 셋, 솥도 셋이제. 돈 있는 사람들은 아궁이를 하나나 두어 개 더 놓기도 하고."

가족들 먹을 밥하고 국에, 제 식구와 다름없는 소 먹을 여물까지 끓이는 아궁이는 부엌의 필수품이었다.

"요새야 불 땔 필요도 움시 전기밥통에 밥해 묵으모 젤로

펀치. 그래도 가마솥에 한 밥을 우찌 당하겠노. 가마솥 밥맛이 젤로 맛나다. 밥도 밥이지만, 새벽에 일어나모 소여물 낄이는 게 먼저지. 소는 밭일하는 상일꾼 아이가. 한겨울에도 볏짚 넣고, 고매 줄거리 고구마 줄기 도 넣어서 뜨시거로 낄이 줬지. 솥 중에서 소여물 낄이는 솥이 젤 컸다."

아궁이는 요리를 만드는 기능 외에 난방의 기능도 있었다. 몸이 아프면 아궁이의 열기로 데워진 뜨거운 아랫목에 몸을 지지고 땀을 뺐다. 아버지의 귀가가 늦는 날이면 밥공기를 아랫목에 묻어 이불로 덮어두었다. 아궁이는 맛있는 밥상과 뜨끈뜨끈한 아랫목, 훈훈한 추억의 상징이었다.

우도에서는 아궁이가 있는 부엌뿐이 아니라 마당에 내거는 한데 부엌과 목선 위에 설치한 배 부엌까지, 계절과 환경의 변화 그리고 삶의 방식에 따라 다양하게 발달한 부엌의 형태를 보았다. 그런가 하면 욕지도에서는 간독이라는 형태로 발달한 또 다른 부엌을 발견했다. 간독은 단순히 고등어의 저장고가 아니라, 섬 고유의 문화이자 역사였다.

그렇게 부엌을 찾아다니며 섬마다 다른 특색 있는 밥상도 맛볼 수 있었다. 섬마을의 식탁은 그 섬의 환경과 생활사를 모두 담고 있다. 섬 생태계마다 다른 수확물은 그곳에서 살아온 사람들의 삶과 어우러져 새로운 음식 문화를 만들어냈다. 대표적으로 미역은 통영의 많은 섬에서 공통으로 채취하는 주요 소득원이다. 미역은 섬마다 그 종류도, 즐겨 먹는 조리법도 조금씩 다른데, 6·25전쟁 이후 피폐해진 환경에서 생존을 위해 미역 양식업을 번성시킨 용초도 호두마을은 물미역에 낭태, 도다리, 감성돔 등 제철 생선을 넣어 담백하게 끓여 먹는다. 반면 제주도에서 건너온 해녀가 많이 사는 매물도는 돌미역에 성게알을 넣어 미역국을 진하게 끓여 낸다.

섬사람들은 생존을 위한 지혜도 섬의 음식에 담았다. 우도 사람들은 보릿고개를 넘기기 위해 갯가에 지천으로 널린 톳으로 양을 부풀린 톳밥을 만들어 주린 배를 채웠다. 욕지도에선 쌀은커녕 보리조차 제대로 지을 수 없는 척박한 비탈에 구황작물인 고구마를 심어 빼떼기죽을 끓여 긴긴 겨울을 연명했다.

섬의 선착장에 내리면 언제나 마주하는 풍경이 있다. 톳을 비롯한 해조류며 각종 생선들을 널어 말리는 풍경이다. 이 모습에서 섬의 부엌은 집 안에 있는 것이 아니라, 온 섬 자체가 하나의 부엌이라는 생각이 들었다. 오래전 사람들이 섬을 찾은 까닭은 가난 혹은 전쟁을 피해 먹고 살기 위함이었다. 그 오랜 세월 동안 섬은 사람들에게 먹을거리를 주었고, 삶을 지속시킬 수 있게 해준 고마운 부엌인 것이다.

그 부엌의 면면을 집대성한 것이 아직도 통영 섬에서 열리는 마을제가 아닐까 생각해 본다. 배가 들어올 때, 마을에 경사가 있을 때에도 섬마을 사람들은 한 공동체로 잘 뭉치곤 했다. 특히 마을제를 지낼 때면 유독 정성껏 공동으로 밥상을 차려냈다. 마을의 안녕과 풍요를 비는 이 과정을 통해 지금까지 꿋꿋하게 살아 있는 공동체 정신을 발견할 수 있다. 아직도 죽도와 학림도 사람들은 힘을 모아 이미 다른 곳에서 사라져 버린 남해안별신굿, 위산제 같은 마을제를 지켜내고 있다.

돌이켜 보면, 처음 찾고자 했던 기억 속 섬 부엌의 모습은 이미 많이 사라졌다. 하지만 여전히 부엌은 섬마을 공동체 의식 속에 그리고 무엇보다 사람들의 삶 속에 생생히 살아 있다. 섬에서 만난 어머니들은 부엌을 찾는 내게 기억 속 부엌의 이야기를 기꺼이 꺼내 들려주셨다. 그것도 모자라 어머니는 섬 냄새가 물씬 풍기는 밥상을 차려주셨다. 어머니는 섬과 같았다. 굳은살이 박인 손으로 고된 생활로부터 가족을 지켰던 어머니는 거친 바람과 파도에 제 살을 에이면서도 항상 그 자리를 지키는 섬과 같았다.

어느 날 학림도에서 위산제를 한다는 연락이 왔다. 이제 몇 남지 않은 섬의 마을제. 이조차 경비 마련이 어려워 몇 년에 한 번 열린다. 사전 연락 없인 행사가 있는지 알 도리가 없다.

반가운 마음에 섬을 찾았다. 그리곤 섬과 위산제의 내력을 물어갔다. 낯선 어머니에게 처음 말을 붙일 땐 "조모, 오데서 시집을 왔심니까?"하곤 묻곤 한다. 그 날도 그랬다.

"오데서 시집을 왔심니까?"하고 물으니 "토영 달애 ^{통영 달아} 서 왔다"는 뜻밖의 대답이 돌아왔다.

"혹시 달애 출신 인순이 이모를 아십니까?"

잠시 침묵이 흘렀다.

"인순이가 니 이모면, 니가 옥순이 아들이가?"

"네."

말 끝나기 무섭게 어머니가 날 와락 끌어안으셨다.

"니 옴마 ^{어머니} 하고 내는 어릴 적 소꿉동무였다. 봄 되모 진 달래 꽃잎 뜯고, 물 나모 갯가서 조개 팠다. 산에 가도, 바다로 가도 우린 늘 같이 있었다. 눈 뜨모 보고, 눈 뜨모 보고. 그래도 보고 싶더라. 그라다가 내가 이리 시집을 오고는 영 이별이었 제. 60년 세월이다. 아들이 하나 있다더마는 그기 니였네. 아이 고, 내 자슥아, 내 새끼야. 니는 내 아들이랑 진배없다. 오늘부 터 날로 옴마라꼬 불러라. 옴마라꼬……."

그날부터 난 학림도 어머니를 '옴마'라고 부르게 되었다. 친 어머니 돌아가신 지 30년 만에 다시 옴마가 생긴 것이다.

학림도 어머니를 만나고 나니, 수년간 섬 부엌을 찾아 다닌 결실을 맺은 기분이었다. 결국에 이 모든 여정은 사람으로 귀결되었다. 그리고 섬사람들이 함께 어획한 해산물로 밥상을 차리고 각각의 집은 물론 마을제의 음식을 같이 마련하는 삶, 이렇게 서로 부대껴 살아가는 섬의 삶이 곧 하나의 부엌이 되었다.

어머니가 없는 부엌을 상상할 수 있는가? 날 안고 "네 옴마가 돼주마" 말씀하신 학림도 어머니. 그 어머니가 곧 섬이자, 섬의 부엌이었다. 오늘, 다시 어머니를 만나러 섬으로 향하는 배에 오른다. ●

참고문헌

<관해기>, 주강현 지음, 웅진지식하우스, 2010

<바당의 어멍 제주해녀>, 해녀박물관 지음, 제주콤, 2007

<부엌의 문화사>, 함한희 지음, 살림, 2005

<부엌 할머니>, 이규희 지음, 윤정주 그림, 보림, 2011

<산양읍지>, 산양읍지편찬위원회, 2013

<어류박물지>, 정문기 지음, 일지사, 1983

<욕지개척사>, 조용하 지음, 1964

<욕지면지>, 욕지면지편찬위원회, 2008

<우해이어보>, 김려 지음, 박준원 옮김, 다운샘, 2004

<자산어보>, 정약전 지음, 정문기 옮김, 지식산업사, 2012

<전통부엌과 우리살림>, 윤숙자 지음, 질시루, 2002

<충무시지>, 충무시지편찬위원회, 1987

<토지>, 박경리, 나남출판, 2011

<통영군사>, 통영군사편찬위원회, 1986

<통영시지>, 통영시지편찬위원회, 1999

<통영 지명 총람>, 김일룡 지음, 통영문화원, 2014

<한국수산지>, 농상공부 수산국 지음, 이근우, 신명호, 심민정 옮김, 새미, 2010

<한산면지>, 한산면지편찬위원회, 1992

<한산면지>, 한산면지편찬위원회, 2012

'그리운 섬 희망의 섬', 김상현, <한산신문> 2008~2009 연재분 참고

도움 주신 분들

사람 한 명 한 명의 기억과 삶이 가장 가치 있는 역사입니다.
취재에 도움을 주신 섬 할아버지, 할머니 감사합니다.

두미도
곽창평 할아버지
김신애 할머니
김종열 할아버지
김창록 님
박만점 할머니
송호종 할아버지
신태근 님
이필희 통영시 두미보건진료소장
장차순 할머니
정성구 님
정평익 님

매물도
김정동 할아버지
김정희 님
김종련 통영시 매죽보건진료소장
노계춘 할머니
박성배 당금마을 이장
이규열 대항마을 이장
이상연 할머니
이옥남 할머니

욕지도
곽금식 욕지늘푸른회센타 대표
김임욱 욕지노인회장
김흥국 욕지면지 편찬위원회 상임위원
박종옥 전 욕지면 산업계장
제명수 할머니
조용재 욕지수협조합장
하동수 욕지고구마 작목반장

용초도
김재덕 전 용초마을 이장
김부헌 전 호두마을 이장
김하수 할아버지
박미자 님
박창인 할아버지
우지연 한산면장
전순자 통영시 호두보건진료소장
정한견 님
최재형 한산농협조합장

우도
강남연 님
김강춘 우도 이장
김종이 할아버지
박복연 할머니
이상주 님
이임선 할머니
정계선 할머니

죽도
이상임 님
정광훈 할아버지
정기홍 전 통영시보편집장
정동훈 할아버지
정병훈 할아버지
정영만 남해안별신굿 예능보유자
정지홍 죽도 이장

추도
김송자 님
박종열 할아버지
박종일 경상남도수산자원연구소장
심춘우 미조마을 이장
이정순 님
이차연 님
조경열 대항마을 이장
최경철 님
최성순 님

학림도
김용득 님
김일룡 통영문화원 향토사연구소장
박능출 학림마을 이장
박윤성 할머니
정계선 할머니
청룡암 현중스님

도서출판 남해의봄날 로컬북스 04

이웃한 도시라도 자세히 들여다 보면 서로 다른 자연과 문화, 아름다움을 품고 있습니다.
독특한 개성을 간직한 크고 작은 도시의 매력, 그리고 지역에 애정을 갖고 뿌리내려 살아가는
사람들의 이야기를 남해의봄날이 하나씩 찾아내어 함께 나누겠습니다.

지속가능한 삶의 씨앗 01

통영 섬 부엌 단디 탐사기

초판 1쇄 발행	2014년 3월 30일
초판 3쇄 발행	2017년 9월 30일

글·사진	김상현

편집인	천혜란 책임편집, 장혜원, 박소희
디자인	정보휘
일러스트레이션	배중열

종이와 인쇄	미래상상

펴낸이	정은영
펴낸곳	남해의봄날

경상남도 통영시 봉수1길 12 1층
전화 055-646-0512 팩스 055-646-0513
이메일 books@namhaebomnal.com
페이스북 /namhaebomnal
트위터 @namhaebomnal
블로그 blog.naver.com/namhaebomnal

ISBN 978-89-969222-7-8 03380
© 2014 남해의봄날 Printed in Korea.